KB234619

사랑하는 자녀에게

이 책은 지식을 얻기 위한 책이 아니라 살아가는 데 꼭 필요한 이 시대의

새 명심보감으로 자녀들의 인성교육을 위한 삶의 지침서입니다.

바르고 건강하게 자라 훌륭한 사람이 되길 빕니다.

〈어린이는 부모님께서 같이 보시면서 지도해 주시면 더욱 좋겠습니다.〉

사랑하는 자녀에게

지은이 **조병탁**

1판 1쇄 인쇄 2013년 7월 25일
1판 1쇄 발행 2013년 7월 30일

발행인 유정희
발행처 **지예의가람**

서울시 강서구 공항대로 509(우림보보) 801호
전화: (02) 3665-1236 / 팩시밀리: (02) 3665-1238
E-mail: garamwits@naver.com

등록번호 제 315-2012-000053호
등록일자 2012년 5월 17일

값 12,000원

ISBN 978-89-97860-03-6   03320

자녀들의 성공과 행복을 위한 아버지의 조언

사랑하는 자녀에게

지은이 조병탁

인간이 짐승과 다른 것은 효와 예를 알고 실천하는 점입니다.
효와 예를 모르는 사람은 맹수보다도 더 무서운 사람입니다.

지혜의가람

추천하는 글

　현대사회는 산업화 사회로 기계화된 대량생산제가 보편화된 사회다. 물질문명은 고도로 발달했지만 이러한 산업화는 도시화, 대중사회화, 핵가족화 등과 같이 맞물리면서 여러 가지 사회문제를 야기하고 있다. 그 중에서 한 가지가 가치관과 권위의 붕괴에 따른 무질서 무규범 상태 등의 구조적인 문제인 것이다. 나는 36년 동안을 중고등학교 교단에서 학생들을 가르치면서 많은 것을 깨닫게 되었다.

　요사이는 학교폭력 때문에 경찰이 학교에 드나들고, 교실의 질서가 붕괴되고, 학교폭력이 끊이지 않는 불안한 세대요, 학생들을 가르치기에 힘든 환경에 살고 있다. 이혼율의 증가, 가정의 붕괴는 학생들과 교사들을 매우 힘들게 한다. 가정에서 통제가 되지 않는 학생들은 학교에서도 지도하기가 매우 힘들다.

　지금부터 30여 년 전에 나는 이 책의 저자인 조병탁 선생님을 만났다. 이 분은 시내에서 약국을 경영하고 있었고, 한학(漢學)에 조예가 깊었고 사비를 들여 청소년을 모아 사무실을 얻어 충효원을 운영하면서 한자와 충효정신을 가르치고 있었다.

　청소년 지도에 관심이 많은 각기 다른 중고등학교 교사 여섯 명은 학교가 아닌 외부 사무실에서 언제라도 학생들이 달려와서 상담할 수 있는 청소년 상담실을 운영하게 되었다. 상담실을 운영하려면 여러 면에서 힘든 부분이 많았다. 교사들이 학교에 출근할 때에는 사무실을 지키며 전화나 찾아오는 청소년들을 상담해 줄 수 있는 상주하는 직원이 필요했다. 그 직원의 인건비며 사무실 운영비로 상당액의 비용이 소요되었다. 상담교사들이 각자가 부담한 약간의 금액 외에 부족한 상당액을 매달 조병탁 선생님께서 부담해 주시며 우리 교사들을 격려해 주셨다.

한 번은 조 선생님이 우리 상담실을 운영하는 교사 6명을 식사초대를 하게 되었다. 교사들은 대부분 승용차를 타고 식당에서 기다리게 되었다. 그런데 한참 후에 오신 조병탁 선생님은 자전거를 타고 땀을 뻘뻘 흘리면서 오셔서 우리를 놀라게 했다. 아직까지도 휴대폰을 소유하지 않으신 참으로 검소한 분이시다.

오늘날 학생들에게 있어서 학교공부도 중요하지만 그보다 더 중요한 것은 남과 더불어 인간답게 사는 인성교육이 필요하다.

이 책은 학생들에게 꼭 필요한 주옥같은 말씀들이요, 삶의 지침서로 이 시대에 꼭 필요한 말씀들이다. 청소년들이 이 책을 읽고 가치관이 바뀌고 인격적으로 새롭게 변화하는 청소년들이 많아지기를 소망하는 바이다.

2013. 5. 3
대동중고등학교 교사　김경환

책을 내면서

사랑하는 자녀에게!

이 책은 현대를 살아가는 모든 우리의 어린이와 젊은이들이 꼭 읽고 실천해야 할 삶의 길잡이로 현시대의 명심보감이 되기를 바라는 마음으로 썼습니다.

선생님과 부모님 그리고 어른들로부터 들은 이야기들을 바탕으로 하여 적은 것이기에 여러분들도 이미 선생님과 부모님으로부터, 또 책을 통하여 여러 번 배우고 들어서 다 아는 이야기이겠지만 그래도 다시 한 번 읽고 마음에 깊이 새겨 실생활에서 처신함에 좌표로 삼기를 바랍니다. 인생에서 한 번 디딘 발자국은 다시 지울 수 없는 흔적으로 영원히 남아서 우리의 삶에 두고두고 큰 영향을 끼칩니다. 나는 내가 실패했던 경험 또 옛 어른들의 가르침들을 거울삼아 여러분들의 아름다운 이상과 꿈을 착오 없이 실현하여 후회 없는 보람된 삶을 누리길 바라는 마음에서 썼습니다. 거듭 말씀드리지만 이 책은 지식을 얻기 위한 책이 아니라 삶의 지혜와 실천을 위한 지침서로 마음에 익혀주시길 바랍니다.

다시 읽어보니 다 아는 내용들을 구태여 책으로 만들어 낸다는 것이 한편으로는 부끄러운 마음도 있지만, 그래도 이 정도만이라도 우리의 자라나는 청소년들이 잘 지키며 실천해 준다면 여기서 언급하지 않은 다른 어떤 상황에서도 올바르게 행동할 수 있는 사람이 될 것으로 확신합니다.

이 책을 읽는 사람에게 바라는 바가 있다면 한 번 눈으로 대충

훑어보지만 말고 나는 이제까지 어떻게 해왔는가, 또는 만일 내가 그 상황에 있었더라면 어떻게 했겠는가 하고 생각과 명상을 하면서 읽어보신다면 큰 보람이 되겠습니다.

이제 할아버지가 되고 보니 다른 사람들이 손주를 사랑하는 마음을 알겠습니다. 우리 손주나 남의 손주나 어려서는 모두가 천사 같은데 자라면서 어른들이 인성교육을 소홀히 하고, 또 사회가 그릇된 곳으로 유혹하여 우리 어린이들이 나쁜 어른들의 범죄대상이 된 사건이 계속 일어나 안타까운 마음입니다. 우리의 사랑스런 자녀들이 근심 걱정 없이 또 두려움 없이 순수하게 잘 자라 우리 사회와 국가에 큰 일꾼이 되기를 바라는 마음입니다.

앞에 나온 말이 뒤에 또 반복해서 나오는 것은 이 책의 본뜻을 바르게 이해하고 받아들이고 실천하여 나쁜 유혹이나 그릇된 길로 빠지지 않기를 바라기 때문입니다. 또 그렇게 바르게 자라는 것이 부모님께는 효도이고, 바르게 자란 여러분이 성공하는 것은 너무나 당연한 사실입니다. 이런 실천은 남을 위한 것이 아니라 바로 여러분 자신을 위한 것입니다. 그래서 하늘과 땅에 부끄럽지 않고 모든 사람에게 당당하고 자신감 있는 삶을 누리길 바랍니다.

여러분이 바르고 깨끗하게 잘 자라서 사회와 국가의 훌륭한 일꾼으로 성장하기를 진심으로 바랍니다. 여러분의 훌륭한 성장이 자신뿐 아니라 사회와 국가에 큰 행복을 줄 것입니다.

여러분을 사랑합니다.

지은이 조병탁

차 례

추천하는 글   5
책을 내면서   7

Ⅰ. 예절편(禮節編)   17

1. 예(禮)란?   18
2. 사단칠정(四端七情)   20
3. 나(吾; 나 오)는 누구인가?   23
4. 삼강오륜(三綱五倫)   25
5. 원광법사(圓光法師)의 세속오계(世俗五戒)   29
6. 인성교육의 중요성   33
7. 예절의 실천   41
    1 아침에 일어날 때   41
    2 식탁 예절   42
    3 학교 갈 때, 또는 출근할 때   44
    4 선생님이나 선배, 상사 또는 이웃 어른을 만났을 때   45
    5 친구를 만났을 때   45
    6 길을 다니면서 음식을 먹지 마라   46
    7 어른께 물건을 주고받을 때   46
    8 윗사람이나 어른의 주변 정리   47
    9 늘 봉사하는 마음으로 생각하고 행동하라   47
    10 전화예법   48
    11 어른 앞을 지나갈 때   49
    12 공중도덕이나 안전수칙은 반드시 지켜라   49

13 아버지 자리, 선생님 자리   50

14 남의 일에 훈수 안 하기   50

15 어른이 부르면   51

16 잠자리에 들 때   52

17 남의 험담을 하지 마라   52

18 머물렀던 곳을 깔끔하게 마무리하라   52

19 남과 말할 때   53

20 어른들로부터 물건을 받으면   54

21 말은 상대에 따라 가려한다   54

22 남의 집을 방문할 때   56

23 하루에 한 가지 착한 일을 하자   56

24 어른이 들어오시면   59

25 사람이나 물건을 넘지 마라   59

26 음식을 먹을 때   60

27 공동으로 사용하는 물건   61

28 효(孝)는 백 가지 행실의 근본   62

29 남녀유별   63

30 언행을 조심하라   64

31 약속은 함부로 하지 않는다   65

32 겸손하라   66

33 부모님 말씀에 순종하라   67

II. 수신편(修身編)   73

1. 극기(克己)   75

1 항상 복장과 용모를 단정히 하자   75

2 나의 행, 불행은 마음먹기에 달렸다   76

3 남의 험담을 하지 마라   77

④ 받들 것 세 가지와 버려야 할 것 세 가지 – 參(석 삼)   78

⑤ 핑계를 대지 말고 잘못을 나에게서 찾으라   79

⑥ 지나친 욕심은 근심과 걱정을 불러온다   80

2. 대인관계   82

① 남을 무시하지 마라   82

② 의심받을 일을 하지 마라   83

③ 힘으로 이기려 하지 마라   84

④ 먼저 인사하라 – 적극적이고 능동적으로   85

⑤ 너무 까다롭게 따지지 마라   87

⑥ 내가 하고 싶지 않는 일은 남도 싫다   87

⑦ 좋은 친구를 가려 사귀면 후회가 없다   88

⑧ 고집을 부리지 마라   88

⑨ 상대방을 먼저 인정하라   89

3. 근검절약(勤儉節約)   91

① 근면하고 성실하라   91

② 절약(節約)하라   92

③ 계획적인 소비-가계부 정리로 소비를 절약하자   93

4. 심성(心省)   95

① 포용력 있는 사람이 되자   95

② 아랫사람에게 묻는 것을 부끄럽게 여기지 마라   95

③ 지나친 근심과 걱정은 마음을 병들게 한다   97

④ 허물없는 삶을 위해서   97

⑤ 나를 미루어 상대방을 생각하라-추기급인(推己及人)   98

⑥ 정직이 최상책이다   98

⑦ 나의 생활신조   100

⑧ 명문지심(銘文之心)-마음에 새기고 지킬 말씀   102

⑨ 명심하고 반드시 지킬 생활신조   103

5. 교훈(敎訓)   107

① 눈과 귀와 입을 조심하라   107

② 아첨과 가르침을 가려서 들어라   108

③ 남의 잘못을 보고 나의 거울로 삼아라   109

④ 선입관을 갖지 마라   109

⑤ 사슴을 쫓는 자는 산을 보지 못한다   113

⑥ 지혜는 경험에서 얻어진다   113

⑦ 여자가 갖추어야 할 4가지 덕목   114

⑧ 부모님의 엄한 가르침이 바른 사람을 만든다   115

6. 겸양(謙讓)   118

   ① 항상 겸손하라   118

   ② 자만하지 마라   120

   ③ 너그러운 마음   121

   ④ 패자에게도 위로와 격려를 해주는 넓은 마음   123

7. 보은(報恩)   126

8. 정기(正己)   128

   ① 작은 일에도 만족하고 눈, 귀, 입을 조심하자   128

   ② 남을 욕하는 것은 하늘에 침 뱉는 것과 같다   129

   ③ 남의 말을 그대로 쉽게 믿지 말고 반드시 살펴보라   130

   ④ 말 한마다가 천냥 빚을 갚는다 - 진실한 말 한마디   131

   ⑤ 공명정대하고 신의를 지키며 살자   131

   ⑥ 자존심 상하게 하는 충고나 조언에도 귀를 기울이라   132

   ⑦ 겸양(謙讓), 검소(儉素), 근신(勤愼)   133

9. 안분(安分)   134

   삶이 편안하려면   134

10. 유비무환(有備無患)   137

   ① 다가올 근심된 일에 미리 대비하자   137

   ② 늘 좋은 것은 아니다 - 어려울 때를 대비하자   139

11. 경천(敬天)   141

① 행한 대로 결과가 온다 - 인과응보(因果應報)　141
② 하늘은 반드시 상과 벌을 빠지지 않고 주신다　143
③ 기회를 놓치지 마라　143
④ 하늘에 순종하는 자 살고, 하늘을 거역하는 자 망한다　145

Ⅲ. 성취편(成就編)　147

1. 성실하고 겸손하며 근검하라　149
　① 만일 내게 100억 원이 생긴다면　149
　② 작은 일에 충실한 사람은 큰일도 충실히 잘합니다　151
　③ 자신의 성공전략을 세워라　152
　④ 너의 직분에 충실하라　154
2. 노력하고 인내하며 포기하지 마라　156
　① 성공은 자기와의 피나는 싸움으로 이루어진다　156
　② 절대 포기하지 마라　158
　③ 구하라 주실 것이며 두드려가 열릴 것이다　161
　④ 확실한 계획을 세워 꾸준히 열심히 노력하라　163
　⑤ 인생은 역전 마라톤　164
　⑥ 참고 또 참아라　166
　⑦ 메모지를 활용하라　167
　⑧ 성공을 위해서는 목표와 계획과 실천이 따라야 한다　167
　⑨ 노력은 천재를 꺾을 수 있다　169
　⑩ 노력이 천재를 만든다　170
3. 도전정신　173
　① 안자의 말몰이꾼 이야기　173
　② 지혜로운 융통성　174
　③ 길은 있다 - 그 길은 포기하지 않는 것이다　176
　④ 일의 성패는 능력보다 마음먹기에 달렸다　177

⑤ 천리 길도 한 걸음부터   179

⑥ 인간이 만든 제품 중 완전무결한 것은 없다   181

⑦ 긍정적인 사고방식을 가져라 - 자신감   181

⑧ 도전하는 마음 - 실패를 두려워 마라   185

⑨ 우리나라에서의 일등은 세계에서 일등 - 자신감을 갖자 186

4. 감사하고 겸손한 마음   189

   ① 선물은 최고의 것으로 하라   189

   ② 좋은 사람을 사귀어라   190

   ③ 매일 고마웠던 일을 생각하고 상대방의 장점을 보라   191

   ④ 처음과 같이 초심을 잊지 마라   192

   ⑤ 먼저 베풀어라   193

IV. 아름다운 삶을 위해   195

1. 안전이 제일이다   197

   ① 운전기사의 면접시험   197

   ② 접시 나르기   198

   ③ 지각 있는 사람   199

2. 여유 있게 살라   202

   ① 절대로 빚을 지지 말며 남에게 빚보증도 서지 마라   202

   ② 지나친 욕심은 정신건강을 해친다 - 안분지족(安分知足) 204

3. 덕을 베풀어 이웃과 더불어 외롭지 않게 살라   206

   ① 제가(齊家)의 의미   206

   ② 몸과 마음을 바르게 하라   207

   ③ 숲이 우거지면 자연히 새가 깃든다   207

   ④ 노인이 나무를 심는 뜻   209

   ⑤ 주인의식 - 네가 주인이다   212

4. 원수를 맺지 마라   215

5. 노후준비   216

6. 가정은 이 세상에서 자신이 만든 최상의 작품   218

7. 태백산 등성이의 빗물   223

8. 확실한 목표와 높은 이상을 가져라   225

9. 비상식적인 거래는 하지마라   224

10. 오늘 할 일을 내일로 미루지 마라   225

11. 성지순례   226

12. 다시 학생이 된다면   234

13. 선의의 경쟁은 서로를 발전시킨다   237

14. 내 탓이오, 내 탓이오.   239

15. 큰 꿈과 목표를 가져라   241

16. 기록으로 남겨 두어라   244

17. 어느 신혼부부의 신혼여행   246

18. 흥부전의 교훈   248

19. 수족과 같은 형제간의 우애를 위하여   250

20. 인정이 훈훈한 아름다운 가정 이야기   252

21. 어머니의 눈물   254

22. 노력하면 반드시 결과와 보상이 따른다   257

23. 성공한 사람과 그렇지 않은 사람의 차이점   259

Ⅰ. 예절편(禮節編)

1. 예(禮)란?

예란 예를 지킴으로써 가정이 화목하고, 사회는 정이 있어 살맛나는 사회가 되고, 국가는 평화롭게 발전할 수 있게 되는 우리 모두가 당연히 지켜야하는 기본법이고 영원불변의 법이라고 생각합니다. 그래서 옛날에는 교육의 목적과 이념을 예(禮), 악(樂), 사(射), 어(御), 서(書), 수(數)로 하고 예를 교육의 으뜸으로 하였습니다.

예를 가르치는 교육을 가장 중요시하고 다음으로는 악(樂; 풍류 악) 즉 음악이나 그림 또는 글씨 등으로 사람의 심성을 거칠지 않고 부드러운 인간으로 가르쳤으며, 다음으로는 활쏘기(射; 궁술 사)와 말 타기(御; 어거할 어)를 가르쳐 외적의 침입이 있을 때는 누구든지 전장에 나가서 나라를 위해 싸울 수 있는 능력을 가르쳤고, 그런 연후에 소위 요즘 말하는 공부에 해당하는 서(書; 글 서)와 수(數; 셈 수)를 가르쳤습니다.

그런데 요즘은 서(書)와 수(數)를 제일 중시하여 가르치고, 더 강화해야 할 예(禮)의 교육은 입시공부의 맨 뒷전으로 밀려 거의 유명무실화 되다시피 하고 있으니 안타깝습니다. 더구나 요즘 시대가 많이 바뀐 것을 핑계로, 쾨쾨하고 진부한 것으로 무시해 버리는 삼강오륜은 실제로는 인간이라면 어느 시대를 막론하고 반드시 지켜야할 예법을 압축 정리한 것임에도 불구하고, 이러한 예법이 구시대적 유물이라 몰아붙여 무시하고 많이 파괴되는 현실을 곳곳에서 볼 수 있으니 뜻 있는 사람에게는 마음 아픈 일입니다.

  예는 가정의 화목을 위해서, 사회의 질서와 인간다운 삶을 위해서, 또 국가의 안전과 번영을 위해서 사람이라면 누구나 반드시 지켜야 할 가장 근본적인 윤리 도덕입니다. 예가 있고 지켜지기 때문에 사람이 짐승과 다른 점입니다. 예를 지키는 것은 힘든 일이 아니며 예를 지켰을 때 그 복된 결과는 우리 자신에게로 돌아오게 되어 그 혜택을 보게 되는 사람은 바로 우리 자신들입니다.

  시뻘건 흙탕물이 무서운 기세로 내려갈 때 죽은 물고기는 그냥 물에 떠내려가지만 살아있는 물고기는 오히려 세찬 물살을 거슬러 맑은 상류를 향해 치켜 오르듯이, 현시대의 험한 세태를 보고 한숨만 쉬며 체념하지 말고 상류의 맑은 물을 향해 뛰어 오르는 물고기처럼 우리들은 예를 회복하여 정말 사랑과 존경과 인정이 넘치는 살기 좋은 시대를 열어 가는 데 노력해야 할 것입니다.

2. 사단칠정(四端七情)

사단(四端)은 인간의 본성에서 우러나오는 마음씨 즉 선천적이며 도덕적 능력의 네 가지 감정을 말하며, 칠정(七情)은 인간의 본성이 사물을 접하면서 표현되는 인간의 자연적인 일곱 가지의 감정을 말합니다. 사람은 이러한 성품이 있기에 사랑하고 기뻐하고 슬픔을 느끼고 좋아하고 또 싫어하기도 하는 마음이 나타나는 것입니다.

① 측은지심(惻隱之心)에서 우러나는 인(仁; 어질 인): 남의 어려운 상황을 보고 불쌍히 여기는 타고난 착한 마음, 즉 예를 들면 어린아이가 길에서 혼자 울고 있는 것을 보고 불쌍히 여기는 마음입니다. 우리는 6·25전쟁 때 수많은 우리의 고아들이 이 측은지심에서 나오는 어진 마음에서 구함을 받아 건전하게 자라 오늘의 우리나라를 일군 역군이 되었습니다.

② 수오지심(羞惡之心)에서 우러나는 의(義; 옳을 의): 자신의 옳지 못함을 부끄러워하고 남의 옳지 못함을 미워하는 마음으로 자기가 옳다고 믿는 바를 목숨을 걸고 주장하는 꼬장꼬장한 올 곧은 우리 민족의 자랑인 선비정신으로 승화되었습니다.

③ 사양지심(辭讓之心)에서 우러나는 예(禮; 예도 예): 겸손하여 남에게 양보하고 존중하는 마음으로 이러한 마음이 우리를 동방예의지국으

로 예의와 겸손을 아는 민족으로 전통과 풍습을 이어 왔습니다.

④ 시비지심(是非之心)에서 우러나는 지(知; 알 지): 사물의 옳고 그름을 판단할 수 있는 마음으로 정의 사회실현에 꼭 필요한 덕목입니다.

사람과 동물이 서로 다른 점은 사람 사이에는 인, 의, 예, 지와 신(信)으로서 인간관계가 이뤄지기 때문이라 생각합니다. 그렇지 않고 동물의 세계에서처럼 힘의 논리로 지배되는 사회가 된다면 인간사회는 매일 싸움과 공갈 협박으로 공포에 떠는 불안한 생활을 하게 될 것입니다. 그러나 다행히도 측은지심에서 仁(인)을 행하고, 수오지심에서 義(의)를 행하고, 사양지심에서 禮(예)를 행하고, 시비지심에서 知(지)를 행하고 서로 맺은 약속에 대한 믿음과 이행으로 사회가 발전되는 것입니다.

사람에게는 또 공통적으로 갖고 있는 일곱 가지의 자연적 감정이 있습니다.

① 기쁨(喜; 기쁠 희)

② 노여움(怒; 성낼 노)

③ 슬픔(哀; 슬플 애)

④ 두려움(懼; 두려워할 구)

⑤ 사랑(愛; 사랑 애)

⑥ 미움(惡; 미워할 오)

⑦ 욕망(欲; 하고자 할 욕)

이 칠정이라는 감정은 똑같은 환경에 처하게 되면 누구나 같은 감정을 느끼게 되어 남의 어려움이나 슬픔을 보거나, 내 처지와 남의 처지를 바꿔 보면 측은지심, 수오지심, 사양지심, 시비지심이 생길 것이라 봅니다. 나를 미뤄 상대방을 이해한다면 훨씬 더 인정미가 넘치는 사회가 될 텐데, '너의 아픔은 나와는 상관없이 나만 좋으면 돼' 하고 생각하니 사기, 도둑질, 폭행 등이 발생하는 것이라 생각합니다.

　사람에게는 누구나 다 선량한 성품이 있다고 합니다. 그런데 일부 어른들이 각자의 선량한 성품을 더욱 키워주지 않고 오히려 오염된 사회를 만들어 천진난만한 어린이들이 그릇된 것을 배워 난폭해지게 되는 것입니다. 따라서 예절교육을 강화하여 사랑스런 우리의 모든 어린이들이 깨끗한 천성이 오염되지 않도록 해야 합니다.

3. 나(吾; 나 오)는 누구인가?

　세상을 살아가다보면 기쁜 일도 많이 있지만 때로는 생각지도 못한 어려움이 닥쳐 큰 실의에 빠져 모든 것을 포기하고 싶은 때도 많습니다. 그러나 나에 대한 확고한 의지와 자존심을 갖는 사람이나 종교적 믿음 등으로 마음의 중심이 확고한 사람은 능히 이를 잘 극복하여 절대로 타락하지 않습니다.

　종교적 믿음이 강한 사람은 '신께서는 절대로 나를 버리지 않고 꼭 구해 주실 것을 믿고 조금만 더 참고 노력하자.' 하고 다짐할 것이며, 나 자신을 사랑하고 자신에 대한 확고한 신념이 있는 사람은 '나는 능히 이것을 극복할 수 있다. 내가 누군데 그런 일에 굴복하겠나.' 하며 더욱 노력하여 그런 신념이 없는 사람보다 빨리 극복할 것이며, 의롭지 못한 일에는 '내가 이런 일을 하여 어른들에게 욕을 돌릴 수 있겠나, 절대 못한다.' 하고 단호히 배격할 것입니다.

　따라서 확실한 주체성의 확립은 예절교육의 근본이 된다고 생각합니다. 그래서 먼저 나는 누구인가를 물어 깨닫고, 강한 자존심과 긍지를 갖고 당당한 자세로 살아가는 것이 중요합니다. '나의 조상 어른들은 ○○한 일들을 하신 훌륭한 분들이셨고, 나는 그 분들의 ○○대 손으로 내 몸에는 그 분들의 훌륭한 유전인자가 돌고 있다, 나는 귀한 몸이다.' 라고 생각할 때 자신에 대한 귀중함과 자존심을 갖게 될 것이며 함부로 가벼이 행동하지 아니하며 신중할 것입니다.

나를 두 가지 측면에서 생각할 수 있겠습니다. 즉 하나는 육체적인 나이고 다른 하나는 인격적인 즉 나의 성취를 포함한 오늘의 나입니다. 육체적인 나는 한자로 我(나 아)로 표시하고 인격적인 나는 吾(나 오)로 표시하는 것입니다.

吾(나 오)의 나는 합당한 목표를 세우고 꼭 이루겠다는 결심을 매일 5번씩(아침기상 시, 아침식사 시, 점심식사 시, 저녁식사 시, 잘 때) ㅡ (五, 다섯 오) 하며 반성하고, 일을 점검하며 나는 반드시 해내겠다고 선언적으로 말(口, 입 구)하며 결심과 반성과 노력의 결과로 오늘의 내가 있는 것입니다. 그래서 예절과 성공한 삶을 위해서 가장 먼저 찾아야 할 덕목이 나(吾, 나 오)에 대한 확고한 신념과 확신입니다.

나는 누구인가를 자주 명상해보고 자신에 대한 확고한 긍지와 자존심을 갖기를 바랍니다.

** 우리의 조상님 중에 훌륭하신 분들을 알아보고 그분들의 업적을 알아봅시다.

4. 삼강오륜(三綱五倫)

삼강오륜은 이제까지 우리나라뿐 아니라 동양사회를 유지 발전시켜 오는 데 중요한 역할을 한 예절과 국가의 기본질서를 구성하는 모든 법을 압축하여 간단명료하게 요약한 법이라 할 수 있으며 만고에 변하지 않을 우리 모두가 지켜야 할 법이라 생각합니다.

삼강이란,

① 군위신강(君爲臣綱): 임금은 신하들의 규범이 되어야 하고,

② 부위자강(父爲子綱): 아버지는 자식들의 규범이 되어야 하고,

③ 부위부강(夫爲婦綱): 남편은 부인의 규범이 되어야 한다는 뜻입니다.

윗물이 맑아야 아랫물이 맑다는 속담이 있습니다. 바로 옛 어른들은 웃어른이 아랫사람들에게 모범을 보여서 본받아 배우게 하려고 했습니다. 권위적으로 이렇게 저렇게 하라는 식의 강요적인 가르침이 아닌 웃어른의 솔선수범을 규정한 것이 동양사상의 제일인 삼강입니다.

임금이 백성을 사랑하는 마음으로 나라 일을 돌보면 신하들도 백성을 위한 정치를 할 것이며, 임금이 자기의 권력을 남용하여 정사를 돌보지 않고 유흥이나 즐기면 신하들 역시 아첨과 부정부패로 나라는 망하고 마는 것입니다.

한자에 미칠 광(狂) 자를 보면 왕(王; 임금 왕)이 왕 노릇을 제대로

하지 않고 개(犭; 개 견) 같은 짓 즉 매일 술이나 먹고 궁녀들과 유흥이나 즐기고 하는 짓을 미친 짓이라고 풀이해 보았습니다. 또한 권력을 이용하여 부정축재를 하는 짓 또한 미친개의 짓이나 다르지 않습니다. 그러니 봉건주의적 충성을 중요시하는 옛날에도 왕의 태도나 의무를 글자 하나에 잘 묘사하였다고 하겠습니다.

아버지는 늘 자녀들에게 근면 검소한 모습을 보여주고 바른 선비의 모습을 보여줄 때 자녀들 또한 아버지의 모습을 본받아 올바르게 자랄 것입니다. 아버지가 매일 술과 노름으로 세월을 보낸다면 자식들 또한 아버지를 닮아가지 않겠습니까? 콩 심은 데 콩 나고 팥 심은데 팥 나듯이 말입니다.

남편의 태도는 부인의 행실에도 큰 영향을 줄 것입니다. 남편이 근면, 검소한 모습을 보이면 부인도 자녀를 위해 힘들게 일을 해도 힘들지 않을 것이며, 만일 남편이 탈선된 행동으로 가사를 돌보지 않고 비도덕적 일을 한다면 부인은 얼마나 허망하고 가슴이 미어지겠습니까. 예(禮)는 별것이 아니라 각자 자기의 위치에서 그 자리에 맞는 행동을 하는 것이 예라고 할 수도 있습니다.

오륜(五倫)이라 함은 과거 오랫동안 사회의 기본적 윤리로 존중되어 왔으며, 지금도 일상생활에 깊이 뿌리박혀 있는 윤리 도덕으로 사회질서를 바로 잡아 인간다운 사회, 나아가 국가의 안정과 질서를 유지시켜온 모든 예법을 요약하고 함축하여 정리한 아주 훌륭한 예법이라고 생각합니다.

오륜에는,

① 군신유의(君臣有義): 임금과 신하 사이에는 반드시 이(利; 이로울 이)가 아닌 의(義; 옳을 의)가 있어야 한다는 말입니다. 임금이 의(義)를 저버리고 이(利)만 따진다면 밑의 신하들도 이를 챙기고, 그 밑의 신하 또한 이를 챙기고 하면 부정부패로 나라는 망하게 되는 것입니다.

② 부자유친(父子有親): 아버지는 자식을 사랑으로 키우고 자식은 부모님을 존경하며 순종하라는 뜻이지요. 모든 부모님들은 자식들이 잘되라고, 그래서 자신들이 겪은 고생을 물려주지 않고 잘 살게 하려고 공부를 가르칩니다. 부모님은 돈이 있어도 쓰지 못하면서 자식들이 공부하는 데 필요한 모든 편의를 다 들어 주어도, 자식들은 늘 불만이고, 반항적이고 하라는 공부는 안 하고 매일 게임에나 빠져 시간을 보내면 그 집안이 번성할 것이며 그러는 학생이 성공하겠습니까? 대부분의 부모님은 가정이 어려워 배우지 못해서 오늘 겪고 있는 어려움을 자녀들에게는 안 물려주려고 어떻게 해서든지 여러분을 공부시키려 하는 것입니다. 부모님께 늘 감사하는 마음으로 부모님의 뜻을 따라 열심히 공부하십시오.

③ 부부유별(夫婦有別): 남편과 부인의 역할에는 분별이 있으니 남편은 가정을 위하여 일하여 돈을 벌어야 하고, 부인은 가족의 편안한 안식처를 꾸미고 먼저 나서지 않고 남편과 상의할 때 집안은 화목하고 모든 일이 잘 이루어질 것입니다. 이를 가화만사성(家和萬事成)이라 하지요.

④ 장유유서(長幼有序): 사회적 질서와 도의를 말한 것입니다. 어른을 공경하고 섬기고 젊은이들보다 오랜 경험을 가진 어른 말씀이나 가르침

에 따르며, 어른은 어린이를 챙겨 보살피는 사회는 평화로울 것입니다. 예의 시작은 어른을 먼저 섬기는 데서부터 시작된다고 봅니다. 사회가 장유유서의 질서가 아닌 힘의 위주로 돌아간다면 얼마나 무서운 세상이 되겠습니까? 어린이나 노인들은 밖에 다닐 수도 없게 되겠지요.

⑤ 붕우유신(朋友有信): 친구간에는 믿음이 있어야 한다고 이미 옛날부터 신용사회를 강조하였습니다. 여기서 붕우(朋; 벗 붕, 友; 벗 우)라 함은 꼭 같은 또래의 친구만이 아닌 모든 관계된 사람을 말하는 것입니다. 인간사회에는 믿음이 있어 반드시 이를 지켜야지 그렇지 않으면 늘 사기꾼이 들끓을 것이고, 사기당한 사람은 속이 터지도록 속상하고, 계속 사기의 악순환이 되면 나중에는 사기를 안 당하려고 모든 사람이 남과의 관계를 모두 끊어 사회가 사회로 존재하지 못하고 동물적인 사람만 있는 세상이 될 것입니다. 믿음은 인간사회가 유지되고 발전되기 위한 제일가는 덕목입니다.

삼강오륜은 우리나라뿐 아니라 동양사회를 오랜 동안 건실하게 유지시켜 온 인간사회의 아주 요약된 또한 앞으로도 꼭 지켜져야 할 법이고 예절이기에 맨 앞에 적어 보았습니다.

5. 원광법사(圓光法師)의 세속오계(世俗五戒)

세속은 인간이 사는 사회를 말하며 이 인간 사회가 유지되기 위해서 반드시 지켜야 할 다섯 가지 계율이 있습니다.

① 사군이충(事君以忠): 충성으로 임금을 섬기고,

② 사친이효(事親以孝): 효로써 부모님을 섬기고,

③ 교우이신(交友以信): 벗과 사귈 때는 믿음으로 사귀고,

④ 임전무퇴(臨戰無退): 나라에 전쟁이 나서 국가를 지키기 위해 전장에 나가서는 죽는 것이 무서워 남이야 어찌되건 나만 살겠다고 도망가지 않으며,

⑤ 살생유택(殺生有擇): 살아 있는 짐승을 죽이되 어린것이나 새끼 가진 짐승은 죽이지 않는다.

이 세속오계는 화랑도가 반드시 지켜야할 계율이 되었고 그로 인해서 신라가 크게 발전하고 삼국통일의 기초를 이룩하게 하는 데 크게 기여하였습니다. 오랜 세월이 바뀐 오늘날에도 그 가르침의 진리는 변함없이 한 치도 어긋나지 않고, 마땅히 지켜야할 가치가 더욱 커지고 있습니다. 이는 삼강오륜이나 세속오계의 모든 가르침이 충효 즉 예와 사회질서를 위한 믿음의 가르침이기 때문입니다.

요즘 보면 남이 아끼고 아껴 꼭 필요할 때를 생각해 저축한 것을 사기 쳐 훔쳐가고, 힘으로 빼앗아 가고 합니다. 옛날보다 교육기관도

더 많고 발달하여 거의 모든 국민이 고등교육을 받고 각종 종교 활동이 활발함에도 끔찍하고 무서운 큰 범죄들이 끝없이 일어나는 것을 볼 때마다 정말 옛 어른들의 가르침의 실천이 더욱 절실하게 필요한 것을 느낍니다. 또한 이러한 가르침의 영향은 지금도 우리들의 정신과 생활 속에 알게 모르게 스며들어 실천되고 있습니다. 다시 한 번 이 가르침의 뜻을 배우고 익혀 우리의 생활 정신으로 삼아야 하겠습니다.

▌재미있는 문경지교(刎頸之交) 이야기

문경지교란 서로 죽음을 함께 할 수 있는 막역한 사이를 이르는 말로 친구를 위해서는 목숨도 아끼지 않고 내놓을 수 있는 두터운 우정을 말하는데, 우정보다 인상여의 나라를 생각하는 훌륭한 마음이 더 아름답기에 적어 봅니다. 이러한 정신이 애국이고 나라에 충성하는 것이지요.

아주 옛날, 지금부터 약 2,300 여 년 전 중국 춘추전국시대 때의 이야기입니다. 조나라의 인상여라는 신하는 재주가 뛰어나고 언변이 좋아 강대국 진나라와의 분쟁에서 두 번이나 어려운 갈등 문제를 훌륭히 해결하여 자신의 조나라와 혜문왕의 체면을 크게 선양하여 그 공을 인정받아 상경이라는 높은 벼슬을 받았습니다.

당시 조나라에는 염파장군이라는 훌륭한 장수가 있었는데 자신은 젊어서부터 목숨을 걸고 싸웠지만 두어 차례 말 좀 잘한 것으로 오히려 자신보다 높은 벼슬에 오른 것을 알고 화가 잔뜩 났습니다. 그래서 인상여를 어떻게든 망신을 주고 밀어내려고 별렀습니다.

이것을 안 인상여는 염파장군과 직접 만나는 것을 피했습니다. 그것을 옆에서 본 인상여의 충복이 주인인 인상여에게 "왜 염파장군이 어른을 모함하는 데도 비겁하게 겁을 내고 피하기만 하시는 것입니까. 저는 그런 비겁한 사람을 모실 수 없습니다." 하고 떠나려하니 인상여는 손을 잡고 만류하면서 "자네는 진나라 왕과 염파장군 중 누가 더 무서운가?" 하고 물었습니다. 이에 인상여의 충복은 "물론 진나라 왕이지요." 하고 대답하였습니다.

인상여가 말하기를 "나는 진나라 왕도 무서워하지 않고 당당했네. 진나라가 우리나라를 쳐들어오지 못하는 것은 염파장군과 내가 있기 때문인데 만일 우리 둘이 서로 싸워 누군가가 물러난다면 누가 좋아하겠는가? 아마 진나라는 이 소식을 듣자마자 곧 바로 쳐들어올 것일세. 나는 그것을 염려하기 때문이라네." 하고 대답하니 그 충복은 주인의 깊은 뜻에 감명을 받았습니다.

이 소문은 곧 바로 염파장군에게 알려지고 염파장군은 자기의 좁은 소견과 인상여의 깊은 뜻에 감동되어 윗옷을 벗고 형틀을 지고 인상여를 찾아가 그의 높은 뜻을 모르고 무례했던 잘못을 사죄하고 형을 받겠다고 매를 칠 것을 청하였습니다. 그러나 여기서 두 사람은 아주 두터운 우정을 나누고 문경지교를 맺게 되었습니다.

요즘 많은 사람들은 자기의 명예나 이익을 위해서라면 수단과 방법을 가리지 않고 불의를 저지르고 친구간의 신의도 아무 양심의 가책도 없이 버리고, 또 어떤 이는 자기가 근무했던 회사, 자기와 가족들이 이제까지 먹고 자식들 공부도 가르칠 수 있게 해준 회사의 기밀을 자기들의 부당한 욕심 때문에 외국 기업에 팔아넘기고 심지어는 나라의 비밀까지 적국에 빼돌리는 것을 보고, 이 이야기를 생각할 때 정말 고개가 숙여집니다.

국가에 충성하는 것은 꼭 목숨을 걸고 나라를 지키기 위해서 전쟁에서 싸우는 것만이 아니라 국익을 위해서 걱정하고 노력하는 것 또한 충성이며 애국입니다. 우리는 우리를 지켜주는 국가가 있기 때문에 마음 편히 살고 장래를 계획할 수 있는 것입니다. 더구나 조국을 잃어버려 갖은 고생을 경험했던 우리는 다시 국가의 고마움을 잊고 지내는 것은 아닌지 생각해보고 조국이 없다면 우리의 미래도 없다는 것을 기억해야겠습니다.

6. 인성교육의 중요성

우리 사회가 살기 좋고 누구나 마음 편하게 살 수 있는 사회가 되기 위해서는 경제적 측면 외에 질서와 정의, 폭력이 아닌 사랑이 넘치는 사회가 되어야 합니다. 그러나 학교에서는 일부 학생들의 폭력으로 자라나는 어린 가슴에 멍이 들고, 사회에서는 밤길도 마음대로 다니기 겁나는 세상입니다.

어린이들은 옛날의 아름답던 우리말의 경어를 거의 몰라 마치 외국인이 우리에게 우리말 하듯 하며, 국경일에도 태극기를 계양하는 집은 거의 없고 겨우 시청에서 가로등에 꽂은 태극기만 썰렁하게 날리고 있는 현상입니다.

옛날에는 교육도 겨우 초등학교나 졸업하면 대단한 정도이고 시골에서는 서당에 조금만 다녀도 굉장한 수준이었습니다. 국민 소득은 불과 100불도 안 되어 우리 돈으로 환산하면 일년내내 일해도 겨우 13만원도 안 되는 수입으로 배우지도 못하고 가난했던 때였지만 그래도 예의와 염치가 있어 인정이 있는 사회였습니다. 그러나 교육 수준은 월등히 높아져 거의 모든 국민이 고등학교 이상의 수준이고 국민소득도 20,000불로 세계에서도 몇 개 국가밖에 누리지 못하는 풍요로운 시대에 살면서, 이웃간의 인정은 그만두고라도 부모 모시기도 대놓고 싫어하는 이유는 어디에 기인하겠습니까? 이는 한마디로 인성교육의 부재 때문이라고 봅니다.

우리는 요즘 교육정책에 일대 큰 변환기를 맞고 있습니다. 중고등학교에서는 자기 학교의 입시성적을 올리기 위해서, 또 국가에서는 세계화에 뒤처지지 않게 한다는 목표 아래 영어교육은 지나칠 정도로 강조하고 있는 반면에 인성 교육이나 도덕교육은 거의 거론조차 되지 않고 있는 현상입니다.

가정에서도 옛날 같으면 조부모님들이 가르쳐 주시던 것을 핵가족으로 구성된 신세대 부모들이 직장과 나름대로의 바쁜 일 때문이기도 하지만, 도덕이나 인성교육은 시대에 맞지 않는 진부한 옛날 생각이며, 또 도덕교육은 자녀들에게 기죽이는 교육으로 생각하고 있기 때문이기도 합니다.

또 그렇게 자란 사람은 돈만 된다면 무슨 일이든지 가리지 않고 하며, 자기가 하고 싶은 욕망을 억제하지 못하게 되고, 그런 환경에서 자라는 우리 아이들이 오염되고, 또 오염된 아이들은 범죄를 모방하여 악순환이 되풀이 되는 것입니다. 이는 마치 어린 나무를 어려서부터 바로 잡아 키우면 곧게 잘 자라 큰 기둥이나 대들보로 쓸 수 있게 되겠지만, 제멋대로 자라게 하고 다 큰 뒤에 바로 잡으려고 아무리 도끼질이나 망치질이나 톱질을 해도 별 쓸모가 없는 것과 같습니다. 어려서부터 마음이나 정신에 그릇된 생각으로 꽉 차게 자란 사람에게 아무리 벌을 가하고 처벌을 해도 구부러진 나무를 바로 잡는 것만큼이나 어려울 것입니다.

그러기 위해서는 자라나는 새싹들에게 인(仁), 의(義), 예(禮), 지(智),

신(信)을 바탕으로 한 교육을 가정에서뿐만 아니라 학교 및 사회에서도 지속적으로 시켜야 합니다.

▌ 우리 아이들 다시 키운다면 이렇게 키우고 싶다

내가 젊었을 때부터 융통성도 없고 주변머리도 없어서 아침 8시에 약국에 출근하여 거의 밤 12시까지 약국에서 일하다가 집에 들어가고 365일 중에서도 추석날하고 설날 빼고는 거의 하루도 거르지 않고 약국에서 근무했습니다. 그러다 보니 아이들과의 대화나 교감 또는 아버지의 정을 주고 아버지로서 자녀들에게 가르치고자 하는 뜻을 제대로 전하지 못하여 요즈음 생각할수록 후회스럽고 안타깝습니다. 그러나 다행히 그러했음에도 불구하고 생각에는 미흡하지만 크게 어긋나지 않고 자라준 것이 고맙습니다. 그런 생각이 들면서도 한편 다시 아이들을 키운다면 다음과 같은 교육방식으로 키워보고 싶은 생각을 해 보았습니다.

1. 예의, 겸손, 검소함을 가르친다.

내가 군에 갔을 때 훈련을 지도하던 조교가 늘 하던 말 중에 군인이 되기 전에 먼저 인간이 되라였습니다. 이는 즉 어느 전문인이나 직업인이 되기 전에 예의와 인격을 갖춘 사람이 되는 것을 강조한 말이 아니겠는가 하고 생각할 때 지극히 당연한 말이라고 생각합니다. 요즘도 이 대명천지에, 또 그렇게 최고의 공부를 한 사람들이 예와 인격을 갖추지 못해 탈선하여 사회에 큰 물의를 일으키는 아주 추악한 사건이 계속 일어나는 것을 보면 인간으로서 예와 인격을 갖춘다는 것이 얼마나 중요한 일인가를 알 수 있습니다. 비인격적인 일은 본인뿐 아니라 그렇게 공들여 키운 부모님은 물론 자기의 부인(또는 남편)과 자녀들도 부끄러워 그 살던 동네에 더 이상 살지 못하고 멀리 떠나 살면서도 당당하게 사회생활하기도 힘들게 합니다. 신문이나 텔레비전에서 비인 격적인 일을 저지른 사람들이 보도되고 처벌을 받는 것을 보고도 계속 같은 일들이 되풀이 일어나고 있는 이유는 무엇일까요? 그것은 어려서 부터 인격적인 예와 겸손을 가르치지 않았기 때문이고 또 이렇게 은밀 히 하는데 누가 알겠는가 하는 밝지 못한, 다시 말해 공정하지 못한 엉큼한 생각이 있기 때문이 아닌가 합니다. 내가 좀 있다고 거들먹거리 지 않고 늘 겸손하게 또 어려운 처지에 있는 사람들을 생각하고 지금의 나의 처지에서 그들에게 무엇을 베풀어 줄 수 있는가를 생각하고 이웃 과 더불어 사는 가르침을 주고 싶습니다. 또 어머니는 자식들에게 늘 "너희들이 이렇게 맛있는 것을 먹고 춥지 않게 옷을 입고 공부하고 하는 것은 아버지께서 힘들게 일하셔서 번 돈으로 하는 것이니 우리는 돈을 아껴 쓰고 늘 아버지께 고마워하고 아버지 말씀을 잘 들어 훌륭한 사람이 되어야 한다.", 또 아버지는 "너희에게 이렇게 맛있는 음식을 만들어 주시고 옷을 깨끗이 빨아주시고 늘 너희들을 보살펴 주시는 어머니께 고마워하고 만들어 주신 음식은 이것저것 가려 남기지 말고 감사한 마음으로 먹어야 한다." 하고 가르쳐 주어 부모님을 사랑하고 존경하는 마음을 어려서부터 철저히 가르치고 싶습니다.

  2. 어려서 한글공부를 할 때 한자공부를 함께 시켜 우리말의 바른 뜻과 문리를 터득하게 한다.

우리말의 본뜻을 잘 알기 위해서는 한자를 모르고는 빨리 그 뜻을 알기가 어렵습니다. 예로 내 어려서 중학교 때 생물공부에서 연체동물, 절족동물 , 갑각류, 설치류라고 우리말로 쓰고 별다른 설명도 없이 몇 가지 예를 들어 이것이 무슨 뜻인지 이해도 못하고 그냥 암기하려고 하니 훨씬 더 많이 힘이 들었습니다. 만일 선생님이나 책에서 연체동물은 뼈가 없이 물렁물렁한 동물이라고 설명해 주거나, 물론 지금은 그렇게 하겠지만, 한자(漢字)를 알고 있었다면 쉽게 오징어, 문어 등등하고 쉽게 알았을 텐데, 내 어렸을 때는 시골에서 공부해서 그런지 모든 과목을 개념을 몰라서 공부하기가 몹시 힘들었습니다. 한자(漢字)는 한 자 한 자의 구성이 과학적이고 사회과학적인 그래서 복잡하기는 해도 재미있는 글입니다. 예로 國(나라 국) 자의 의미는 국가의 삼요소로 국민(口; '입 구'로 사람 즉 국민), 국토(口; 밖의 네모로 국경을 의미), 주권(戈; '창 과'로 나라를 지키는 힘)과 국민의 뜻이 하나로 통일되어 일사분란하게 뜻을 같이 할 때 나라는 평안하고 부흥할 수 있다는 뜻에서(一; '한 일') 만들어진 글자일 것입니다. 따라서 한자를 그대로 외우려 하지 말고 글자를 잘 풀어 공부하면 문리를 터득하여 재미있고 또 이해력이 빨라지고 연산작용으로 다른 공부에도 많이 응용이 될 것입니다.(《60일 완성 한자공부》 참조).

3. 책을 읽고 반드시 독후감과 내용을 요약해 써보기를 시킨다.

이것은 책 내용에 대한 안목과 판단력을 기르고 인격형성이 이루어져 실제 상황에서 내가 그 환경에 있을 때 처신할 판단력을 키워주고 창작활동의 연습이 될 것입니다.

4. 거실에 큰 식탁을 하나 놓고 온 가족이 다 같이 둘러 앉아 공부한다.

컴퓨터는 거실에 한 두 대만 설치하여 온 가족이 다 같이 쓰도록 합니다. 그러면 낭비도 줄일 수 있고 몰래 숨어서 컴퓨터 게임에 빠지지 않도록 하고 어른들이 보는 앞에서 잠깐잠깐 할 수 있어서 자신을 통제할 수 있는 능력을 길러줄 것입니다. 또 거실에서 같이 공부함으로써 어른들이 가르쳐도 주고 주위를 환기시켜 집중력을 키울 수 있을 것입니다.

5. 꿈을 심어주고 동기와 자극을 줌으로써 각오를 굳게 갖도록 한다.

예로 국군의 날 기념행사에 참관시켜 웅장한 행진을 봄으로써 새로운 각오와 결심을 갖도록 하고, 3.1절 행사 등에 같이 참여하여 3.1절의 의미를 설명해주고 애국심을 키워줍니다. G20 정상들의 회의가 있었던 행사장 같은 곳을 구경시켜 성공한 사람들의 이야기도 들려주고, 또 한편으로는 어렵게 살아가는 사람들, 홀로 사는 사람들의 집에도 가끔 데려가서 보살펴드리는 체험으로 봉사정신도 키워줍니다. 그리고 어렵게 사는 사람들은 왜 그렇게 어렵게 사는가를 설명하여 측은한 마음과 성공을 위한 마음의 각오를 갖도록 합니다.

6. 물질에 너무 집착하지 않도록 한다.

자녀들에게 정당한 노력의 대가로 주어지는 것 외에는 부당한 이익을 받지 않는다는 것을 철저히 가르칩니다. 한번 잘못된 검은 돈을 받으면 평생을 그에 끌려 다니며 조종당하게 된다는 것을 깨우쳐줍니다. 옛 성현의 가르침에 견리사의(見利思義), 즉 이익을 보면 이것이 받아도 합당한 것인지 또는 부당한 검은돈인지를 보고 의롭지 않은 것은 절대로 취하지 말라는 가르침입니다. 그런 검은 돈이 들어올 수 있는 자리에 있는 정도라면 그런 돈이 아니어도 충분히 먹고 살 수 있는데 의롭지 못한 것은 취해서는 안 된다는 것과 그래야 늘 당당히 자리를 지킬 수 있다는 것을 가르치고 싶습니다.

내가 어디선가 예전에 읽은 기억이 있어 적어봅니다.

높은 벼슬은 아니지만 청렴한 벼슬아치가 있었습니다. 사람들이 여러 방법으로 청탁을 넣어도 합당한 것이 아니면 전혀 통하지가 않았습니다. 그래서 하루는 어떤 사람이 그 벼슬아치가 생선을 좋아하는 것을 알고 조기를 한 두름 사서 청탁 없이 그냥 선물로 가지고 집에 찾아갔습니다. 그러나 그 벼슬아치가 극구 사양하여 할 수 없이 그냥 되가지고 왔습니다. 며칠 후 그는 다시 그 조기를 그 벼슬아치의 집에 던져 넣었습니다. 마침 마당을 거닐던 그 벼슬아치는 그것을 다시 담 밖으로 던져 버렸습니다. 그 사람이 찾아가서 왜 누가 보냈는지도 모르면서 다시 밖으로 버렸느냐고 물으니 내 비록 국가로부터 받는 녹은 적지만 그래도 먹고 사는 데는 지장이 없고, 또 그 녹으로 가끔 좋아하는 생선도 사서 먹을 수 있지만 만일 내가 청탁이나 뇌물에 연루되어 이 작은 직장이나마 떨어지면 나는 그것도 못하게 된다고 하였습니다. 합당한 일이라면 뇌물이나 다른 것이 없어도 당연히 들어 줄 것이니 아무 염려나 부담 갖지 말고 일을 가져오라고 하더랍니다.

7. 측은지심, 긍휼지심을 갖고 직분에 충실하라.

만약 나에게 부탁이나 고민을 의뢰해온 사람이 있다면 그 사람은 얼마나 마음이 답답하겠습니까? 나의 작은 지식이나 힘이 누군가에게 도움이 되어 상대방이 고민을 해결하여 고마워할 때 아마 돈 받은 것 이상으로 큰 기쁨을 알게 될 것입니다.

8. 시, 시조 등 좋은 문학작품을 많이 읽고 암기한다.

시는 마음을 순화시켜 부드럽고 순수한 사람이 되게 하고 따뜻한 정을 갖는 사람이 되게 하며, 또한 많은 작품을 알면 본인도 그와 같은 작품을 쓸 수 있게 됩니다.

9. 적당한 운동 겸 호신술을 배운다.

운동은 나의 건강을 위해서와 내 몸의 안전과 불의한 것을 보았을 때 바로잡기 위해서 꼭 배워야 합니다. 그렇다고 힘이나 폭력을 사용해서 의를 실천하라는 것이 아니라 힘이 있어야 최후의 수단으로 또 호신하면서 주장할 수 있기 때문입니다.

10. 절대로 자랑하거나 자만하지 마라.

옛 말씀에 자랑하면 귀신도 시샘한다는 말이 있습니다. 꼭 귀신이 아니라도 지나친 자랑을 자주하면 사람들의 시샘을 받게 됩니다. 늘 겸손하고 함부로 나서지 말고 사양하면서 꼭 필요한 때에 나서서 의견을 말하거나 능력을 발휘하여 해결하기 바랍니다. 능력이 있다고, 좀 안다고 교만하거나 남을 얕보거나 무시해서는 절대로 안 됩니다.

나이가 들면서 후회하는 마음을 적어 두었던 것들을 정리해 보았습니다. 내게 손주들 키울 기회가 된다면 꼭 이런 방식으로 키워 보고 싶습니다. 이 외에도 많은 선각자들의 훌륭한 교육방법이 있지만 그래도 이 원칙에 충실하면 그런대로 괜찮지 않겠는가 생각해 보았습니다.

7. 예절의 실천

앞에서도 말했지만 예는 가정에서는 화목을, 사회에서는 질서를, 국가적으로는 국가의 안녕과 발전을 위해서 인간이라면 누구나 반드시 지켜야 할 덕목입니다. 예를 지키는 것은 절대로 어려운 일이 아니며 우리가 숨 쉬고 밥 먹는 것같이 자연스럽게 이루어질 수 있는, 또 그렇게 되어야 하는 일이며 꼭 지키겠다는 마음가짐과 의지만 있으면 됩니다. 다른 모든 사람은 다 잘 지키는데 왜 나만 못 하겠습니까? 예를 지키지 않으면 그 악순환이 계속되어 결국에는 예를 지키지 않는 자신에게 다시 그 피해가 더 크게 되어 되돌아오게 됩니다.

① 아침에 일어날 때
아침에 일어나면 옷을 바르게 입고, 덮고 잤던 이불은 직접 가지런히 개어 장롱 속에 넣고, 세수를 하고 조부모님과 부모님께 아침 인사를 드립니다.

"안녕히 주무셨습니까?" "불편하신 데는 없으셨습니까." "춥지는 않으셨습니까." 등으로 아침 인사를 드립니다.

어른께 드리는 말은 친구끼리 할 때 쓰는 말과 달리 존경하는 의미가 담긴 말로 '일어나다'를 '일어나시다' '기침(起; 일어날 기, 寢; 잠잘 침)하시다' 로 '자다'를 '주무시다'로 꼭 표현해야 합니다.

② 식탁 예절

식사를 하거나 다른 음식을 먹을 때도 과일이든 채소든 떡이든 우리가 먹는 모든 것을 먹을 수 있도록 수고해주신 모든 분께 진심으로 감사하는 마음으로 먹어야 합니다. 반찬이 맛이 있네, 없네 하고 타박하지 말고 깨끗이 먹어 남겨지는 음식을 다시 어느 누가 먹어도 기분 나쁘지 않게 깔끔하게 먹어야 하며, 음식을 함부로 버려서도 안 됩니다. 잘못하여 상한 것은 어쩔 수 없겠지만 모든 음식은 귀히 여겨야 합니다.

어른과 같이 식사를 할 때는 어른이 먼저 수저를 들고 식사를 시작한 후에 먹습니다. 어른보다 먼저 수저를 들거나 먹는 것은 예의에 어긋나는 일입니다. 밥이나 음식은 바로 내 앞에서부터 먹기 시작합니다. 반찬도 고루고루 먹되 처음에는 멀리 있는 것부터 먹지 말고 가까이서부터 먹기 시작합니다.

또 어른께서 잡수실 때 도와드릴 일이 있다면 남에게 미루지 말고 즉시 일어나 도와드립니다. 예를 들어 물을 찾으시든지, 그릇을 찾으시든지, 또는 고기가 커서 잡수시기 불편할 때는 잘게 썰어드려 편하게 해드립니다.

음식 먹을 때는 음식 먹는 소리나 코를 훌쩍거리는 소리를 내지 말며 입속의 음식이 나오거나 보이지 않게 먹습니다. 만일 음식 먹는 중에 음식에 이물질에 들어있어 뱉거나, 코를 풀어야 할 성우는 사람들이 보지 않고 들리지 않는 곳으로 가서 합니다.

크게 한입씩 먹지 않으며 뜨거운 음식은 위에서부터 살살 거두어 먹고 푹 퍼서 후후 불어 식혀가며 먹지 않습니다.

음식을 고르느라 마구 뒤적거리지 말며 같이 먹는 반찬에 밥풀 등을 빠뜨리지 않습니다.

어른보다 먼저 수저를 놓지 않으며 부득이 먼저 식사를 마치고 자리를 떠나야 할 때는 "천천히 드십시오, 좀 급한 일이 있어 먼저 일어나겠습니다." 라고 말씀드려 어른께서 "그렇게 하여라." 하시면 다시 "천천히 많이 드십시오." 하고 나갑니다.

'밥'은 '진지'로 '숟갈'은 '수저'로 표현하고, '먹다'는 '잡수시다, 드시다'라고 해야 합니다.

옛부터 내려온 다음과 같은 식탁예절이 있습니다.

① 여럿이 음식을 먹을 때는 혼자 배불리 먹지 않는다. 옛날 먹을 것이 부족하던 때의 일이지만 요즘도 나만이 아닌 여러 사람을 생각해서 같이 나누어야 합니다.

② 음식을 먹을 때는 불결한 손으로 먹지 않는다.

③ 자기가 좋아하는 음식이라고 자기 앞으로 갖다 놓고 먹지 않는다.

④ 먹던 음식을 다시 밥통이나 반찬그릇에 쏟아 붓지 않는다.

⑤ 적당히 먹은 후에는 사양하고 배불리 먹으려 하지 않는다.

⑥ 국을 먹을 때는 건더기까지 한 번에 들어 마시지 않는다.

⑦ 먹어 보지도 않고 덥석 간을 맞추려 하지 않는다.

⑧ 남이 보는 앞에서 이를 쑤시지 않으며 트림을 하지 않는다.

▌강감찬 장군 어렸을 때 이야기

강감찬 장군이 소년 시절에 그의 아버지와 함께 아버지의 친구 집에 방문한 적이 있었습니다.

저녁때가 되어 음식이 나왔는데 아버지와 강감찬의 몫으로 달랑 꽁보리밥에 멀건 된장국뿐이었습니다. 아버지는 된장국을 한 수저 드시더니 수저를 내려놓고 물러나 앉으셨습니다. 그런데 강감찬은 한 수저 떠먹어 보고서 된장국에 꽁보리밥을 다 말아 버리는 것입니다. 아버지가 깜짝 놀라 "애야! 그 짠 것을 어찌 먹으려고 다 마느냐?" 하니 강감찬이 대답하기를 "어차피 제가 다 먹어야 할 것 아닙니까? 또 귀한 음식을 짜다고 버릴 수도 없고요." 하고 대답하였습니다.

이를 밖에서 일부러 엿들은 친구 되는 분이 들어오면서 "감찬이의 사람됨을 시험하려 한 것이네. 이만 하면 내 사윗감으로 손색이 없네. 내게 제법 천문과 지리를 볼 줄 아는 딸이 있는데 결혼을 시킵시다." 하여 결혼을 하게 되었고, 후일 부인의 도움으로 장원급제하고 거란이 쳐들어왔을 때 귀주에서 대승을 거두었다고 전합니다.

③ 학교 갈 때, 또는 출근할 때

복장을 단정히 하고 반드시 어른들에게 '다녀오겠습니다.' 하고 인사드리고 갑니다. 갔다 와서는 '잘 다녀왔습니다.' 하고 인사드립니다. 출필고(出; 날 출, 必; 반드시 필, 告; 알릴 고) 반필면(反; 되돌릴 반, 必; 반드시 필, 面; 낯 면) 해야 어른들이 걱정하여 찾는 수고로움을 덥니다.

인사는 가급적 가까이에 가서 정중히 고개를 숙이고 합니다. 뻣뻣이 서서 말로만 하거나 고개만 까닥하거나 엉뚱한 데를 보면서 하면 안 됩니다.

'인사한다'는 '인사드린다'로 '어른에게 말한다'는 '어른께 말씀드린다'로 '본다'는 '뵙는다'로 '어른'은 '어르신'으로 꼭 표현해야 합니다.

④ 선생님이나 선배, 상사 또는 이웃 어른을 만났을 때

가까이 다가가 밝은 표정과 밝은 음성으로 인사드립니다.

"안녕하십니까?" "안녕하세요?" "어디가십니까?" 등등 하루에 같은 분을 여러 번 만나도 그때마다 인사를 드립니다. "무슨 일이 있으십니까?" "제가 도와 드릴 일이 있습니까?" 등등 그때그때 정황에 맞게 인사말을 드립니다.

또 어른이나 윗사람 또는 모르는 사람과 인사하거나 말씀드릴 때는 주머니에서 손을 빼고 바른 자세로 공손하게 합니다.

⑤ 친구를 만났을 때

당당하고 정감 있게 인사를 나눕니다. 상대방의 얼굴과 눈을 보며 밝은 표정으로 인사합니다. 떳떳하다면 부끄러움이 없고, 거짓된 것이 없다면 당혹과 부끄러움이 없습니다.

친구끼리 주고받는 말은 경어가 아닌 평어로 쓰되, 비속어를 쓰거나 얕잡아 보는 말을 써서는 안 됩니다. 옛날 말에 가까운 사이일수록 예절을 지키라는 말이 있습니다. 친구에게 체면을 상하게 하거나 자존심을 상하게 하여 기분 나쁘게 하지 말며 지나친 농담을 해서도 안 됩니다.

부잣집 친구거나 공부 잘하는 친구라고 부끄럽게 생각하거나 기죽어 할 필요 없고, 오히려 그렇게 느낀다면 더 열심히 노력하여 극복해야 합니다. 그런 친구를 절대로 적대감을 갖고 만나지 말며, 또 가정이 어려운 친구거나 성적이 좀 떨어지는 친구라고 무시하지 말며 오히려 더 깨우쳐주고 이끌어 주면서 서로의 장점을 배우고 그릇된 점이 있으면 우정으로 깨우쳐 주는 친구가 되어야 합니다.

⑥ 길을 다니면서 음식을 먹지 마라

길을 다니면서 음식을 먹을 때 잘못하면 음식물이 옷에 떨어져 옷을 버릴 수도 있고, 또 음식 먹느라 고개를 숙이고 있을 때 앞에서 오는 사람과 부딪칠 수도 있습니다. 또 다 먹고 난 후에 껍질이나 손잡이 등을 길이나 쓰레기통이 아닌 은밀한 곳에 버리게도 됩니다. 음식은 일정한 장소에서 만들어준 모든 분께 감사하며 품위 있게 먹어야 합니다. 길을 다닐 때는 겸손하면서도 막힘없는 자세로 당당하게 걸어갑니다. 여기저기 기웃거리거나 고개를 푹 숙여 기죽은 것같이, 또는 근심 걱정이 많은 것같이 다니지 말고 눈을 15도 정도로 약간 위를 보며 당당히 걷습니다.

⑦ 어른께 물건을 주고받을 때

어른께 물건을 드릴 때나, 어른께서 물건을 주실 때는 반드시 정중하게 두 손으로 드리고, 두 손으로 받습니다. 한손으로 받거나 빼앗듯이 낚아채듯이 받아서는 안 됩니다. 또 어른께 드릴 때도 어른이 받기 쉽고 편하고 안전한 쪽으로 받으실 수 있게 두 손으로 드립니다.

예를 들어 어른께 칼을 드린다면 내가 칼날의 끝을 두 손으로 쥐고 어른께는 자루를 잡으시도록 드립니다.

⑧ 윗사람이나 어른의 주변 정리

선생님이나 어른 또는 상사의 책상이나 주위에 물건이 떨어져 있을 때, 또는 어른이 잘못하여 물건이 떨어지는 것을 보았을 때는 얼른 주위 제자리에 놓아 드립니다. 나의 일도 아니고 또 나의 것이 아니라고 그냥 서서 보고 있거나 옆으로 피해 다녀서는 안 됩니다. 윗사람이나 아는 사람이 아니라도 남을 도와주는 것은 아름다운 것입니다.

어느 직장에서 사원을 뽑는다는 광고가 나서 여러 사람이 면접을 보러왔습니다. 면접관이 지원자가 면접 보러 들어오기 전에 슬며시 서류를 책상 옆으로 떨어뜨려 면접 보러 온 사람들의 태도를 보았습니다. 대부분의 지원자가 그 서류를 피하여 옆으로 지나쳐 들어왔다가 나갔습니다. 그 중 한 사람이 떨어진 서류를 보고 잘 정리하여 책상 위에 올려놓았습니다. 면접관이 이 지원자에게 후한 점수를 주는 것은 당연한 일 아니겠습니까?

⑨ 늘 봉사하는 마음으로 생각하고 행동하라

성경 말씀에 오리를 같이 가자하면 십리를 동행해주라는 말씀이 있습니다. 어려운 처지의 사람이 부탁하면 이해득실을 따지지 말고 좀 손해를 보더라도 봉사하는 즐거운 마음으로 행하면 나중에 더 큰 복으로 되돌아 올 수도 있습니다. 물론 그런 것을 바라고 하는 것은 아니지만 내가 또 한 번의 착한 일을 했다고 생각하면 마음이 즐거워지는 것입니다.

10 전화예법

전화는 상대방을 직접 보고 말하는 것이 아니기 때문에 자칫하면 예의를 소홀히 하여 상대방을 불쾌하고 섭섭하게 할 수도 있습니다. 반드시 ① 처음부터 예의를 갖추어 인사드리고, ② 자신의 신분을 밝힌 다음, ③ 용건을 간단하면서도 명확히 말하고, ④ 끊을 때도 꼭 정중한 인사를 하고, ⑤ 상대방이 윗사람이면 상대방이 먼저 끊는 것을 확인하고 수화기를 놓습니다.

[예]

☺ 갑돌이 어머니: (전화벨이 울려 상대방이 전화를 받는다.) "여보세요."

● 철수: "안녕하십니까? 저는 갑돌이 친구 철수라고 합니다. 혹시 갑돌이 어머님 되십니까?" (반드시 먼저 인사하고 나의 신분을 밝힌다. 다짜고 짜로 "갑돌이 바꾸어 주세요." 하지 않는다.)

☺ 갑돌이 어머니: "그래요. 잘 있었어요? 그런데 무슨 일이죠?"

● 철수: "예, 갑돌이와 통화하고 싶은데 좀 바꾸어 주시겠습니까?"

☺ 갑돌이 어머니: "잠시만 기다려요. (잠시 후) 그런데 갑돌이가 나가고 집에 없네요."

● 철수: "그러면 갑돌이가 들어오면 철수한테서 전화 왔더라고 전해주시겠습니까?"

⊙ 갑돌이 어머니: "알았어요. 그렇게 전할게요."

● 철수: "안녕히 계십시오." (갑돌이 어머니께서 수화기를 놓는 것을 확인하고 철수도 수화기를 놓습니다.)

요즘은 통화보다도 문자메시지를 보내는 경우가 많은데 이 경우에도 어른에게는 예를 갖추어 할 것이고 친구끼리 쓰는 말투나 어법을 써서는 안 됩니다.

11 어른 앞을 지나갈 때

어른 앞을 지나갈 때는 어른 앞을 가로질러 가지 말고 어른의 뒤로 돌아갑니다. 부득이 한 경우에는 어른께 "어르신, 제가 잠깐 지나가도 되겠습니까?"라고 말씀드려 어른이 길을 비켜준 후에 고개를 조금 숙이고 조심스럽게 지나갑니다.

12 공중도덕이나 안전수칙은 반드시 지켜라

우리가 살아가면서 지켜야 할 여러 가지 공중도덕이나 안전수칙, 교통법규가 있습니다. 이 법규들은 지키기가 힘들거나 까다로운 일들이 아니며 마음만 먹으면 누구나 쉽게 지킬 수 있습니다. 어린이나 노인 누구나 다 지켜야 하는 기본적이면서도 필수적으로 꼭 지켜야 하는 쉬운 일들임에도 자칫 대수롭지 않게 여기거나 조금 귀찮은 생각에 소홀히 하고 지키지 않다가 큰 사고가 나서 목숨까지 잃게 되는 경우도 있습니다.

공중도덕이나 교통 법규는 남이 아니라 바로 나 자신을 위해서 반드시 잘 지켜야 할 일이며 또한 지키지 않아서 남에게 피해를 주는 일을 해서는 안 됩니다. 남으로부터 피해를 받으면 싫은 것같이 다른 사람도 여러분으로 말미암아 피해를 받지 않도록 해야 합니다.

13 아버지 자리, 선생님 자리

아버지 자리나 선생님 자리가 비어 있다고 함부로 앉는 것이 아닙니다. 또한 친구나 나보다 나이는 어리지만 그 사람의 개인적인 자리는 비어있다 해도 함부로 앉아서는 안 됩니다. 혹시 여러분의 자리가 없고 다리가 아프다 해도 남의 직책상 지정된 자리에는 앉는 것이 아닙니다. 그 자리에는 늘 어른이나 주인이 앉아 있는 것같이 소중히 다루세요.

자리뿐 아니라 아버지께서 안 계신다고 아버지 모자를 쓰고 장난을 친다든지, 다른 어른들의 물건을 가지고 놀아서도 안 되며 어른들의 물건은 어른이 계신 것같이 소중히 다루어야 합니다.

14 남의 일에 훈수 안 하기

남의 일에 주제넘게 끼어들지 말라는 이야기입니다. 묻지도 않는 남의 일에 훈수를 하거나 함부로 끼어들지 말고, 여러분의 의견을 묻거든 그때 여러분이 생각하는 더 좋은 방법이 있으면 말하세요. 특히 어른들이 말씀하실 때 묻지도 않는데 자기의 의견을 말하는 것이 아닙니다. 어른들이 장기를 두거나 바둑 두는 때에도 함부로 나서서 훈수를 해도 안 됩니다.

옛날 어떤 사람이 "공께서는 훌륭한 자식을 두었습니다" 라고 칭찬하자, 그 아버지 대답하기를 "뭘요, 변변치 못한 놈이지만 어디 가서 훈수 두려 덤비지 않는 정도지요." 라고 대답했다고 합니다.

훈수는 꼭 장기나 바둑 둘 때만의 이야기가 아닙니다. 본인과 별 상관없는 일에 나서거나 쓸데없이 남의 말에 시시비비를 거는 것들도 다 훈수나 마찬가지입니다. 가만히 있으면 아무렇지 않게 넘어갈 것을 훈수를 하여 쓸데없이 싸움에 말려들지 않도록 하는 것이 나를 지키는 것입니다.

15 어른이 부르면

어른이 부르거나 어떤 일을 시킬 때는 즉시 밝은 목소리로 대답하고 기꺼운 마음으로 합니다. "예, 어머니. 알겠습니다.""예, 제가 다 잘 해놓겠습니다." 하고 대답합니다.

명심보감에 비록 입에 맛있는 것을 물고 있더라도 어른이 부르면 얼른 뱉고 즉시 대답하라고 하였습니다.

어른이 부르거나 일을 시킬 때는 우물쭈물하거나 볼멘소리로 말하지 마세요. 어느 부모나 어른들이 여러분이 할 수 없는 것을 시키겠습니까? 좀 어렵더라도 다 할 수 있는 일입니다. 또 여러분이 안 하면 부모님이나 어른들이 힘들게 해야 할 것입니다. 여러분이 충분히 할 수 있는 일을 하기 싫어 안 하면 그렇지 않아도 집안 일로 힘드신 어른들께서 해야

됩니다. 부모님이나 어른의 부름에 기쁜 마음으로 대답하고 시키시는
일을 즐거운 마음으로 해야 됩니다.

16 잠자리에 들 때

옷은 벗어서 보기 좋게 잘 접어서 다니는 데 발에 걸려 채이지
않도록 불편하지 않고 편한 곳에 둡니다. 뱀이 허물 벗듯이 몸만 빠져나
가고 옷은 그 자리에 허물같이 남겨두고 잠자리에 들어서는 안 됩니다.

17 남의 험담을 하지 마라

여러분이 남의 험담하는 것을 듣는 대부분의 사람들은 여러분이
험담하는 것에 동조하기보다는 오히려 여러분을 경계하고 믿을 수
없는 사람으로 거리감을 두게 될 것입니다.

왜냐하면 여러분 자신도 다른 곳에서는 다른 사람에게 험담할 대상이
될 수도 있다고 생각하니까요. 아무쪼록 특별한 일이 아니고는 늘
입을 조심하여 남의 말을 하지 말아야 합니다.

한자에 혀를 나타내는 설(舌; 혀 설) 자를 보면 혀를 놀려 말할 때는
천 번(千; 일천 천)을 생각해 보고, 말하는 것이 이롭거나 적어도 자신과
남에게 해로운 일이 아닐 때 말(口; 입 구)하라는 뜻으로 만들어진 것
같습니다.

18 머물렀던 곳을 깔끔하게 마무리하라

예를 들면 목욕을 하고 난 뒤에는 욕실이나 주변을 깨끗이 씻어

다음 사람이 들어와서 사용해도 기분 나쁘지 않고 곧바로 사용할 수 있도록 합니다. 세수하고 난 세면기를 깨끗이 물로 헹구거나, 경우에 따라서는 수세미와 비누로 닦아 같은 가족이라도 기분 나쁘지 않게 잘 마무리해야 합니다.

공중화장실에서도 용무를 마치면 반드시 물을 내려 청결하게 해야 합니다. 멀리서 소변을 보아 바닥에 소변이 떨어져 지저분하게 하는 사람, 담배꽁초나 휴지를 변기에 넣어 막히게 하는 사람, 또는 불을 켜 놓고 끄지 않는 사람도 있습니다. 길을 가다가 급한 용무로 남의 건물 화장실에 들어가 해결한 경우를 생각해 보십시오. 고마운 마음이라면 깨끗이 사용해야 건물 주인도 계속 문을 열어 놓아 급한 사람들에게 편의를 제공할 텐데 몇몇 사람들의 잘못으로 문을 걸어 잠그게 되는 것입니다.

어느 화장실에 들어갔다가 '아름다운 당신은 머물렀던 자리도 아름답습니다' 라고 쓴 것을 보았습니다. 깨끗이 사용하는 것은 아름다운 일입니다.

19 남과 말할 때

남과 말할 때는 상대방의 얼굴을 바로 보되 눈을 계속 응시하지 말고 눈과 입의 중간 부분, 즉 인중(코 바로 밑) 부위에 초점을 두고 말합니다. 너무 눈을 똑바로 응시하면 교만하거나 버릇없거나 도전적인 인상을 주게 되고, 너무 아래에 시선을 두면 비열하거나 무언가를 숨기고 있는 느낌을 주게 됩니다. 또 눈을 희번덕거리거나 이리저리

굴리면 불안정해 보이므로 인중 부위에 시선을 집중하되 부라려 보지 말고 정감 있는 눈으로 가끔 눈을 바라봅니다. 또 상대방이 불편해하는 곳이나 어느 한 곳을 계속 쳐다보면 혹시라도 오해를 받게 될 수도 있습니다.

⑳ 어른들로부터 물건을 받으면

어른께서 아무 합당한 이유 없이 물건이나 돈을 주시면 사양을 하고, 그래도 어른께서 진심으로 주시면 깊은 감사의 인사를 드리고, 그분의 성함과 주소를 적어, 바로 부모님께 알려드립니다. 그래야 부모님이 그분께 다시 감사의 인사를 드릴 것입니다. 또 여러분도 늘 그분께 감사함을 잊지 말아야 합니다.

어른의 이름은 성함이라 칭하거나 함자(銜字)라고 합니다. "어르신 성함이(또는 함자가) 어떻게 되십니까?"라고 여쭙니다. 어른께는 '묻다'를 '여쭙다'라고 합니다.

㉑ 말은 상대에 따라 가려한다

말은 예의범절의 시작이며 그 사람의 인격이 말에 고스란히 나타난다 해도 크게 어긋나지 않을 것입니다. 교양 있고 예를 아는 사람은 윗사람에 쓸 말과 아랫사람에 쓸 말을 잘 가려 쓰기 때문에 부드럽고 듣기 좋은 말을 쓰지만 그렇시 않은 사람은 말투도 거칠고 듣기에 거북스런 말을 자주 씁니다.

우리말에는 어른께 쓰는 경어와 친구간에 쓰는 평어와 또래보다 어린 사람에게 쓰는 말이 있습니다. 같은 내용의 뜻을 나타내는 데도 때와 장소와 상대에 따라 그 쓰는 말이 달라져 정감이 사뭇 다르게 전달될 수 있습니다. 그 점이 우리말이 다른 나라의 말과 다르고 훌륭한 점입니다. 그래서 말하는 상대에 따라서 말을 잘 가려 써야 합니다. 어른께는 경어(존경하는 말)를 쓰고 친구간에는 평어를 쓰고, 나보다 어린 사람에게는 낮추어 쓰되 어리다고 반말이나 막말을 하면 안 됩니다. 어린이는 판단이 부족해 들은 대로 배우기 때문입니다. 비록 아들이지만 다 큰 자식을 애들같이 이름을 부르는 것보다는 이미 결혼하여 자식이 있으면 00애비야, 또는 박사학위가 있다면 비록 자식이라 하더라도 00박사, 또는 사회적으로 중요한 직책을 갖고 있으면 그 직책으로 불러주는 것이 아들의 인격을 존중해 주는 것입니다.

친구간에는 경어는 아니지만 정감 있는 말을 쓸 것이며 흉허물 없다고 너무 막말을 하거나 지나친 농담을 해서는 안 됩니다. 오히려 가까운 사이일수록 예의를 지키라고 했습니다.

상대를 부르는 호칭도 남자에게는 무조건 아저씨라 부르고 여자에게는 아주머니라 부르는 것보다는 그 사람의 직책을 부르든지, 모르는 분께는 선생님, 또는 연세 많으신 분께는 어르신이라 부릅니다. 여자에게도 여사님이나 사모님으로 불러 상대방을 존경하는 호칭을 사용하는 것이 듣는 사람에게 기분 좋은 일이며, 듣는 상대가 기분 좋으면 내게 또한 기분 좋은 말로 대해주게 될 것입니다. 경우에 따라서는 아저씨라 부르면 상대방에 모욕감을 주는 것이 될 수도 있습니다.

친구들 모임에서도 회장으로 뽑힌 친구에게는 모임을 떠나서는 이름을 불러도 되겠지만 모임과 연계된 자리에서는 회장 또는 회장님이라 부르는 것이 좋겠습니다.

어른께는 자신을 표현할 때 '나'를 '저'로 '내가'를 '제가'라고 말해야 합니다.

㉒ 남의 집을 방문할 때

친척집이나 친구 집 또는 업무상 전혀 모르는 사람의 집이나 사무실을 찾아가야 하는 경우가 있습니다. 이때 아무 예고 없이 불쑥 찾아가면 부모님 댁 말고는 모두가 당황스러워하게 됩니다. 또 상대방이 몹시 바쁘다든지 또는 외출하여 못 만나고 그냥 되돌아 올 수도 있습니다.

반드시 어떤 일로 찾아뵈려고 하는데 괜찮으시겠습니까? 하고 상대방의 사정을 확인한 후에 날짜나 시간을 정하고 찾아뵙도록 합니다. 또 방문할 때는 상대방이 부담을 느끼지 않는 범위 내에서 작은 선물을 준비해 가는 것도 좋습니다. 예를 들어 작은 정성이 담긴 꽃이나, 방문하는 곳에 맞추어 선택하는 것이 좋겠습니다. 상대방의 취미나 좋아하는 것을 안다면 부담되지 않는 범위 내에서 거기에 맞게 사 가지고 가면 더욱 좋겠습니다.

㉓ 하루에 한 가지 착한 일을 하자

명심보감에 일일일선(一日一善)이라는 말이 있습니다.

'하루 선한 일을 하면 당장 복이 없더라도 화는 절로 멀어지며, 하루 악한 일을 하면 화가 당장은 없더라도 복은 절로 멀어진다. 선행을 하는 사람은 봄 동산의 풀과 같아 자람이 보이지는 않으나 날로 더해짐이 있고, 악을 행하는 사람은 칼을 가는 숫돌 같아 닳아 없어짐이 보이지는 않으나 날로 이지러짐이 있다.'

작으나마 매일매일 한 가지 이상의 선행을 하면 처음에는 대수롭지 않고 표가 나지 않으나 그 선행이 쌓이고 또 쌓이면 그 사람의 얼굴에는 선한 표정이 흐릅니다. 이는 여러 사람에게 신뢰와 호감을 받는 모습으로 변화합니다.

매일매일 선행을 하면 봄에 자라는 풀과 같이 자람을 볼 수는 없어도 자라는 것같이, 그의 인품과 덕이 자라서 주위 사람들로부터 존경과 신망을 받는 사람이 될 것입니다.

작지만 악행을 자주 하면 마치 칼을 가는 숫돌같이 조금씩 닳아 없어지는 것처럼, 작은 악행을 자주하면 그에게서 인간다운 점은 점점 없어지고 짐승 같은 사나운 마음으로 커다란 악행도 서슴없이 행하게 되는 것입니다.

삼국지에 나오는 유비는 죽을 때 아들에게 이렇게 말했습니다. "작은 선이라 해도 행하지 않아서는 안 되며, 작은 악이라고 해서 행해서는 안 된다."

옛날 어느 선비가 앞으로 어떻게 출세를 하겠는가를 알려고 유명한 관상쟁이에게 관상을 보니 '당신의 관상은 벼슬은커녕 거지같이 빌어 먹을 상'이라고 하자 몇날 며칠을 낙담하고 모든 것을 포기하고 철저히 타락한 모습으로 지냈습니다. 그러다가 마음을 고쳐먹고 이왕 못 살 바에야 비록 가진 것은 넉넉하지 않으나 선행을 하며 살기로 결심하였습니다. 선비는 어려운 이웃들에게 선행을 베풀고 지식을 필요로 하는 사람에게는 지식을 가르쳐주기를 꾸준히 하여 10여년 정도 지났는데 거지는커녕 주위의 존경을 받는 그 지방의 덕망 있는 유지가 되었습니다.

선비는 10여 년 전의 관상쟁이가 언뜻 생각나 지금의 나를 무어라고 할까 궁금하여 다시 찾아가서 관상을 보니, 관상쟁이는 한참을 선비의 관상을 보더니 선비에게 무릎을 꿇으면서 "머지않아 큰 벼슬이 내려질 것입니다." 라고 하였답니다. 관상 즉 얼굴 모양은 그 사람의 마음 씀씀이와 행실에 따라 변한다고 합니다. 그래서 40대나 50대가 되어서는 사람의 얼굴 표정이 이제까지 살아온 그 사람의 인생 역정이 나타난다고 합니다. 선한 일을 많이 한 사람은 얼굴에 선하고 착한 표정이 나타나고, 훌륭한 학자는 경제적으로는 넉넉하지 않더라도 고고하고 깨끗한 기품이 나타나고, 자기만을 위한 욕심을 부리며 살아온 사람은 욕심이 가득한 얼굴로 나타난다고 합니다.

우리는 서로에게 알게 모르게 도움을 주고받으며 살아갑니다. 비록 우리가 값을 지불한다지만, 여러 사람들의 노력이 있었기에 적은 돈을 내고 그 혜택을 받게 되는 것입니다.

예로 우리가 매일 먹는 밥이나 음식도 그 원료를 생산하느라 많은 사람들의 노력이 있었고 또 그 원료를 사다가 우리가 먹을 수 있도록 만들어 주신 부모님의 수고로움이 있었기에 먹을 수 있는 것입니다.

하루 한 가지 이상 착한 일하기는 직업상이 아닌, 일상생활에서도 좋은 일을 하자는 것입니다.

차 안에서 노인이나 어린이, 임산부 등에게 내가 앉아 있던 자리를 내어 주는 일, 누가 길을 물어보면 아는 대로 상세히 가르쳐 주는 일, 어르신이 무거운 짐을 들고 계단을 오를 때 잠시 들어 드리는 일, 지저분한 쓰레기가 있으면 치우는 일 등등이 작지만 다 선행이 되는 것입니다. 작은 선행이라도 계속하면 몸에 그 습관이 배어서 남다른 선한 기품이 나타나게 됩니다.

24 어른이 들어오시면

혼자 쉬고 있거나 공부하고 있거나 다른 일을 할 때, 또는 여럿이 있는데 어른이 들어오시면 얼른 자세를 바로 하여 인사드립니다.

어른께서 쉬라고 하시든지, 하던 일 계속하라고 하시면 다시 시작합니다. 혼자 다리를 쭉 뻗고 쉬고 있는데 어른이 들어오시면 비록 부모님이라도 얼른 다리를 오므리고 일어나 인사드리고, 비록 나보다 나이 어린 사람이 들어와도 다리를 오므리고 앉는 것이 예의입니다.

어른이 들어오실 때, 비록 부모님이라도 본체만체하거나 다리를 뻗은 채로 인사해서는 안 됩니다. 오히려 부모님께는 더 예를 갖추어야 합니다. 부모님은 이 세상 어느 누구보다 귀중한 분이시니까요.

25 사람이나 물건을 넘지 마라

지나가는 곳에 다른 사람이 다리가 불편하여 다리를 뻗고 있다면 그냥 넘어가지 말고 그 사람의 뒤로 돌아가십시오. 아니면 먼저 "지나가도 되겠습니까?" 하고 물으면 상대방은 다리를 오므리든지 그럴 수 없는 상황이어서 지나가라고 하면 "죄송합니다." 하고 넘어가세요. 물건이라도 그냥 넘어가지 말고 비켜가든가 아니면 옆으로 치워놓고 지나가도록 하세요.

26 음식을 먹을 때

옛날 어머님들은 밥을 하면 맨 먼저 어른(조부모님 다음 아버지)들 순서로 쌀밥 부분을 먼저 떠놓고 다음에 잡곡밥을 섞어서 순서대로 퍼 놓았습니다. 반찬을 만드셔도 좋은 부분을 먼저 어른들 몫으로 챙겨 놓으시고 그 나머지를 다른 가족이 같이 먹었습니다. 당시에는 먹을 것이 부족해서도 그랬지만 또한 어른에 대한 공경하는 마음에서의 배식 순서였습니다. 식사 예법도 어른이 먼저 수저를 들고 잡수셔야 비로소 먹고 어른보다 먼저 먹기 시작해서는 안 되었습니다.

입맛에 맛있는 반찬이라고 그것만 혼자 먹지 말고 고르느라 마구 휘저어 반찬이 부스러지지 않도록 조심스럽게 먹어야 합니다. 김치나 찌개, 조림 등 같이 먹는 반찬에 밥풀이 빠지지 않도록 각별히 조심하면서 먹습니다.

요즘은 어린 학생들이 일찍 학교에 가야하기 때문에 밥을 먼저 퍼서 반찬을 새로 한 것과 같이 먹고 난 후에 남은 음식을 어른들이 먹는 현상이 되었습니다만, 형편상 어쩔 수 없이 어린이들이 먼저 먹더라도 어른 몫과 어린이 몫을 따로 하여 어른에 대한 공경하는 의미를 잊지 말아야겠습니다.

아무리 지금 잘 살게 되어 먹을 것이 풍족하다 해도 먹는 것은 우리 삶의 가장 기본이 되는 것이기 때문에 어느 것 하나도 소홀히 해서는 안 됩니다. 모든 생물이 살기 위해서는 공기와 물이 필수적으로 필요하지만 그 중요성을 깨닫지 못하고 살아가는 것같이 음식이야말로 공기나 물에 버금가는 귀중한 것입니다.

예를 들어 많은 밥을 비빔밥으로 만들어 다 먹지 못하고 버린다든지, 물에 밥을 많이 말아서 남도 먹지 못하게 해서 남기지 말고 먹을 만큼만, 아니 오히려 조금 부족하게 해서 하나도 남김없이 먹어야 합니다.

27 공동으로 사용하는 물건

가정에서나 사회에서나 때에 따라서는 한 물건을 여럿이 함께 사용하는 경우가 있습니다. 이때 나 혼자만 생각하고 내 편한 대로만 행동해서는 안 됩니다. 예를 들어 집에서 함께 쓰는 수건이라도 나 혼자서 다 써도 되는 것처럼 모두를 다 적셔 놓지 말고 다음 쓸 사람을 생각하여 한 쪽으로 적당한 정도로만 사용하고 식탁에서도 여럿이 먹는 찌개를 마구 휘저어 다 부스러지지 않도록 해야 합니다. 공중전화를 사용할 때 통화가 안 된다고 팽개쳐서 고장 나지 않게 하고, 여럿이 앉는 자리에서도 혼자서 넓게 차지하지 않도록 합니다.

어떤 사람이 돈이 갑자기 필요해서 친구에게 가서 사정을 말하고 부탁하니 친구는 다음날 주기로 흔쾌히 약속하고 모처럼 왔으니 자기 집에서 하루 자고 가라고 하였습니다. 손님으로 온 친구는 아침이 되어 세수를 하고 얼굴을 닦으면서 수건을 모두 적셔 놓았습니다.

잠시 후 세수하고 들어온 주인 되는 친구가 수건을 쓰려고 보니 다 젖어 있는 것입니다. 이에 그 친구는 "내가 어제 자네와 한 약속을 못 지키겠네. 자네는 자네만을 생각하지 남을 생각하는 마음이 없는 사람일세." 하고 거절하였답니다.

28 효(孝)는 백 가지 행실의 근본

인간이 태어나서부터 제 스스로 살아갈 수 있기까지는 대략 30년이 걸립니다. 물론 형편상 더 빨리 직장을 가져 어린 가장으로서 가정을 끌고 가는 경우도 있지만 대부분 사람들의 한 세대는 옛날부터도 대략 30년이 되어야 온전한 성인이 되는 것으로 보았습니다. 그래서 인간을 뜻하는 世(인간 세, 한 세대 세) 자는 30을 뜻하는 十(열 십) 자 세 개가 합쳐져 된 글자로 풀이해 보았습니다. 이렇게 인간의 성장과정은 다른 어떤 생명체보다 훨씬 복잡하고 부모님의 수고로움이 큽니다.

대부분의 동물은 태어나면서부터 몸에 털이 있어 빨래를 할 필요도, 갈아입을 필요도 없는 옷이 있지만 사람은 철이 바뀔 때마다 입는 옷이 다르고 또 같은 계절이라도 자주 살아입어야 됩니다. 먹는 것도 새 같은 동물은 며칠만 지나면 스스로 대소변과 함께 다 해결하지만 대부분의 사람은 적어도 5~6년까지 부모님이 대소변을 가려주고, 또 자라는 과정에 혹시 사고라도 당하지 않을까 한시도 눈에서 뗄 수 없는 보살핌이 있어야 합니다. 또 성장해서 사회에 잘 적응하도록 가르치기 위해 학교에 보내는 등 부모님의 지극한 정성으로 키우는 것입니다. 물론 형편상 또는 일찍 독립하여 부모의 도움 없이 스스로 살아가는 사람도 있습니다.

　이런 현상이 계속 대물림 되는 현상이지만 부모님의 인생은 자식들 키우느라 다 바치고 나면 어느덧 육십이 넘고 칠십이 가까워서는 가진 것도 없고 껍데기뿐인 노인이 됩니다. 그래도 부모님은 자신들보다도 자식들을 더 걱정하고 계십니다. 그런 부모님을 위해 어떤 일을 하기 전에 10초만이라도 '부모님께서 아시면 좋아하실까, 슬퍼하실까, 노여워하실까?'를 생각해보면 절대로 나쁜 일을 하지 않게 될 것입니다. 효는 어려운 일이 아닙니다. 부모님 속 썩이는 일 안 하는 것이 효입니다.

　공자가 말한 효란 첫째, 부모님이 살아계셔서 섬길 때는 공경하는 마음으로 자주 말벗도 되어드리고 즐겁도록 해드리는 것입니다. 둘째, 부모님이 걱정하지 않도록 형제끼리 우애하고 밖에 나가 싸우다 다치고 들어와 부모님이 근심 걱정하는 일이 없도록 하는 것입니다. 셋째, 부모님이 병이 나셨을 때는 지극히 염려하는 마음으로 보살펴드리고 돌아가셨을 때는 다시는 못 뵙게 되는 것을 지극히 슬픈 마음으로 장례를 치르고, 제사는 앞에 계신 것같이 엄숙한 마음으로 모시는 것이라 하였습니다.

29 남녀유별

　사람은 누구나 다 평등합니다. 특히 남자와 여자도 모든 경우에 평등합니다. 그러나 이 평등은 능력이나 기회 면에서 평등하다는 뜻입니다. 여자도 능력이 있으면 모든 자유직업뿐만 아니라 공직에서도 남자와 똑같이 등용될 수 있는 기회가 주어지는 것입니다. 그러나 여자가 남자와 똑같이 행동이나 말도 거칠고 외모를 가꾸지 않아도 괜찮다는 것은 아닙니다. 물론 그렇다고 법적으로 문제되는 것은 아니지만 어디까지나 남자는 남자이고 여자는 여자이기에 남자와 여자가 취하고 나갈 태도는 따로 있는 것입니다. 모든 가정에서 아버지와 어머니의 자리는 엄연히 다르듯이 말입니다. 그렇기에 남녀유별의 법도야말로 가정과 사회의 건전함을 위해서 가장 기본이 되는 덕목이라고 해도 과언이 아닐 것입니다.

남자는 신체적으로 약한 여자를 예와 정성으로 보호해 주고 여자는 예와 겸손으로 처신하는 것이 진정한 남녀평등의 기초라고 생각합니다. 사회가 복잡해질수록 남녀유별을 다시 한 번 생각해 볼 때입니다.

남녀는 특별한 경우가 아니면 함께 섞여 앉지 않으며 남녀가 술자리에서 오래 함께 하는 것도 자제할 일입니다. 집에서는 남녀의 옷을 마구 섞어놓지 말고, 빨래를 하려고 내놓는 여자의 속옷은 비록 가족이라고 해도 눈에 띄지 않게 하고, 빨래도 여자의 속옷은 따로 널어놓는 것입니다. 부부라고 해도 수건이나 빗을 같이 사용하지 않는 것입니다.

30 언행을 조심하라

명심보감에 '인간의 사사로운 작은 말도 하늘은 우레같이 큰 소리로 듣고, 어두운 방안에서 아무도 모르게 남을 속이는 마음을 가져도 귀신은 번갯불 보는 것과 같이 분명히 잘 본다'는 말이 있습니다.

우리는 말로 마음에 품고 있던 정(情)을 입 밖으로 표현할 수가 있습니다. 이 말로 말미암아 인간이 서로에게 정이 더욱 두터워질 수도 있고, 또 한 번 잘못 말해 이제까지 좋았던 사이가 영원히 돌이킬 수 없는 관계로 멀어질 수도 있습니다. 또 반대로 소원하고 서먹하던 사이를 한 마디의 좋은 말로 풀어져 관계가 회복기도 합니다.

그래서 늘 말을 조심하며, 함부로 남의 말에 끼어들지 말며, 혈기왕성 하다고 남에게 기분 나쁜 말을 말 것이며, 비굴하게 아첨하는 말을 하지 않으며, 장난삼아서 실없는 소리를 해서 상대방에게 상처를 주어 서도 안 됩니다.

31 약속은 함부로 하지 않는다

일단 맺은 약속은 천금같이 여기고 꼭 지킵니다.

이 사회는 더불어 사는 곳입니다. 그래서 나 혼자 사는 곳이 아니기 때문에 우리는 자주 상대방과 약속을 하고 또 그를 바탕으로 일을 추진하면서 발전시켜 나갑니다.

그런데 만일 철석같이 약속을 믿고 일을 진행시켰는데 상대방이 약속을 이행하지 않았을 때 오는 낭패는 일에 따라서는 엄청난 손해를 불러오기도 합니다. 그렇기 때문에 약속은 아주 신중히 생각하여 법적 으로나 도덕적으로 문제가 없는 일인가를 생각하고, 또 경제적으로나 내 능력으로나 시간적으로 충분히 지킬 수 있는 일인가를 확인하고 하는 것입니다. 그리고 일단 맺은 약속은 어떤 일이 있어도 반드시 지켜야 합니다. 약속은 내용에 따라 여러 가지가 있습니다.

첫째는 시간약속이고, 둘째는 정보약속이 있겠고, 셋째는 금전적인 약속, 넷째는 작업의 약속 등 기타 여러 가지가 있지만 어느 것 하나 중요하지 않은 것이 없습니다.

예를 들어 선생님이 수업을 약속해 놓고 아무런 사전 예고 없이 시간을 빼먹는다든지, 또는 회사 사장이 전 사원을 모아놓고 회의를 하기로 약속하고 15분이나 20분 지체되어서 시작했다 하면 회사의 운영시간은 15분이나 20분이 아니라 회사 전체로는 엄청난 손해인 것입니다. 그러므로 지위가 높은 사람일수록 약속시간을 더욱 철저히 지켜야 합니다.

모든 교통수단 운행시간표 역시 정부와 국민간의 시간 약속인데 아무 예고 없이 시간을 어긴다면 그로 인해 연쇄적으로 큰 혼란이 올 것은 당연한 일입니다. 만일 정말 어쩔 수 없이 약속을 이행하지 못할 경우는 적어도 1~2일 전에 사정을 솔직히 말하고 약속을 지키지 못하게 됨을 정중히 사과해서 상대방이 다른 대책을 구할 수 있도록 해야 합니다. 아무 합당한 예고 없이 약속을 깨면 다음부터는 믿지 않을 것이고 경우에 따라서는 엄청난 책임을 지게 되는 경우도 있습니다. 그러면 시쳇말로 '왕따'를 당하게 되어 사회생활하기가 아주 어려워질 것입니다. 그래서 옛 어른들은 남아일언 중천금(男兒一言 重千金)이라 하여 자기가 한 말이나 맺은 약속은 천금같이 중히 여기고 지켰습니다.

32 겸손하라
옛 말씀에 벼는 익을수록 고개를 숙인다고 하면서 사람도 배움이 깊어지고 성숙해질수록 더욱 겸손해지도록 가르쳤습니다.

조금 안다고 남 앞에 나서서 아는 체하지 말고 알아도 겸손하게 나서지 않으며, 상대방이 상의해 올 때는 진지하게 내가 아는 것을 바탕으로 말하는 것입니다.

업무상 공이나 업적을 나의 것으로 하지 않고 나의 윗사람이나 상대방의 공으로 돌려도 대부분의 사람들은 그의 능력과 겸손한 마음을 알게 됩니다. 그래서 委(맡길 위) 자를 보면 여자(女; 여자 여)가 익은 벼(禾; 벼 화) 와 같이 나서지 아니하고 겸손하게 일을 남편에게 맡긴다는 뜻으로 만들어진 글자가 아닌가 생각됩니다.

33 부모님 말씀에 순종하라

어느 부모님이 자기 자식이 나쁘게 되라고 시키며 가르치겠습니까? 부모 세대와 자식 세대는 너무나 다른 세대를 겪어 왔기에 나의 생각과 부모님의 생각이 세대차이로 전혀 통하지 않을 때가 있습니다. 그러나 어떤 일을 하려고 할 때 부모님과 의견이 맞지 않는 데는 다 이유가 있습니다.

한 가지 예로 부모님의 경제적 형편이 여러분의 요구를 뒷받침해 줄 수 없는 경우와, 또 부모님이 이제까지 살아오면서 터득한 경험에 비추어 볼 때 하면 안 되는 일이며 또 되어도 별 소득이 없는 경우일 것입니다.

내가 전에 들었던 전해오는 이야기 두 가지를 들어 보겠습니다.

어느날 한 마을에 힘들게 사는 친구가 잘 사는 친구를 찾아와 "나는 술도 안 먹고 노름도 안 하는데 왜 이렇게 생활이 나아지지를 않고 마음이 늘 불편하고, 자네는 나와 별반 다를 바 없는데 항상 기분이 좋고 생활도 나보다 훨씬 여유가 있으니 무슨 연유인가?" 하고 물었습니다.

이에 그 친구가 자기의 큰아들을 부르더니 소를 지붕 위에 올려다 매라고 분부를 내렸습니다. 큰아들은 아버지 말씀을 듣자 "예, 아버지." 하고는 혼자서는 할 수 없으니 바로 동생을 불러 같이 소를 지붕 위로 끌고 올라가려고 하였습니다. 사다리를 놓고 자기는 고삐를 쥐고 지붕에 올라가 끌고 동생은 밀어서 소가 올라가도록 소 엉덩이를 때리며 밀어 올리고 했습니다.

아무리 해도 소가 올라갈 수가 없지만 그래도 형제들은 한참을 소를 지붕에 올리려고 힘을 다했습니다. 한참을 보시던 아버지가 "이제 그만 됐다, 그만두고 광에 가서 소금 한 가마니를 내어다가 앞에 있는 개울에 넣었다가 1시간 후에 건져오너라." 하니 두 아들은 "예!" 하고 주저 없이 따랐습니다.

한참 후에 두 아들은 빈 소금가마니를 지고 돌아왔습니다. 무슨 영문인지 모르고 의아해하는 친구에게 "보았는가? 우리는 아이들이 내가 시키는 것은 무엇이든지 순종하네." 라고 하였습니다. 그 말을 듣고 그 친구도 집에 와서 자기의 큰아들에게 똑같이 소를 지붕 위에 올리라 하니 큰아들이 곧바로 하는 이야기가 "아버지, 소를 어떻게 지붕 위로 끌고 갈 수 있으며 또 지붕에 올라가면 지붕이 무너질 텐데요. 저는 못 합니다." 하고 나가 버렸습니다.

다시 작은아들을 불러 "광에서 소금 한 가마니를 꺼내다가 앞 냇물에

1시간만 담갔다 가져오너라." 하니 둘째 아들 역시 "아버지. 그러면 소금이 다 녹아 없어져 버리지 그대로 있겠습니까? 저는 못 합니다." 하고 또 나가 버렸습니다.

물론 부모님 말씀에 따르게 하기 위해서는 이제까지 부모님으로서의 모범을 보여 주었어야 자식들이 믿고 따르겠지만, 어쨌거나 그래도 자식들이 부모님 말씀에 순종할 때 집안은 화목해지고 부흥해지는 것입니다. 부모님께서 자녀들에게 시킬 때는 다 무슨 뜻하는 바가 있지 않겠습니까? 먼저 친구나 그의 자식들이 바보여서 소를 지붕에 매려고 했으며 소금이 물에 녹는 것을 몰라 물에 넣었다가 빈 소금가마를 건져왔겠습니까? 그 자식들은 아버님이 우리가 알지 못하는 깊은 뜻이 있겠지 하고 말도 안 되는 지시에도 순종했고, 또 순종하여 친구분 앞에서 아버님의 체면을 살려드렸습니다. 자식이 자기 부모 말씀을 무시하고 공경하지 않는데 어느 누가 남의 부모를 공경하겠습니까? 자식이 부모 말씀을 중히 여기고 순종할 때 다른 사람들도 그 부모님을 어렵게 여기고 존경할 것입니다.

옛 말씀에 동시줄탁(同時啐啄)이라는 말이 있습니다. 이 말의 유래는 암탉이 21일간 알을 품어 병아리가 되어 밖에 나오려 할 때 아직은 알 껍질을 깨고 나올 힘이 없으니 알 속에서 껍질을 쪼면 어미가 밖에서 그 신호를 받아서 알 껍질을 깨주어 비로소 밖에 나오게 되는 것입니다. 만일 어미가 알 껍질을 깨어주지 않는다면 그 병아리는 질식하여 나오지 못하고 죽게 될 것입니다. 마찬가지로 부모와 자식이 혼연일체가 되어 부모님의 가르침이나 시키는 일에 순종할 때 그 자식은 성공할 것이고 그 집안은 번영할 것입니다.

또 한 가지 이야기는 다음과 같습니다.

어느 시골 사는 노인에게 출가한 세 딸이 있었습니다.

첫째는 살기가 아주 어려웠고, 둘째는 크게 잘 살지는 않지만 그런대로 살아가고, 셋째 딸은 아주 잘 사는 딸이었습니다.

어느날 아버지는 세 딸들을 모두 불러 집에 오도록 하였습니다. 아버님은 딸들을 데리고 재미있었던 일, 어려웠던 일 등 이런 저런 이야기를 들려주며 뒷산으로 바람을 쐬러 같이 갔습니다.

가는 도중에 아버님은 어느 돌무더기를 가리키며 세 딸들에게 "혹시 나중에 쓰일 일이 있을지 모르니 너희들이 가져갈 수 있는 대로 가져 가거라." 하시니 큰 딸은 하는 말이 "널려 있는 게 돌인데 그까짓 돌 가져가서 무얼 하겠습니까?" 하고 하나도 가져오지 않았습니다.

둘째는 아버님 말씀대로 적당히 두어 개 들고 왔습니다. 셋째는 '아버님 말씀이니 언제 쓰여도 쓰이겠지.' 하며 욕심껏 들고 올 수 있을 정도를 갖고 왔습니다. 집에 오자 아버지께서 각자 가지고 온 돌을 꺼내 보거라 하니 모두 번쩍번쩍하는 금덩어리였습니다. 아버지 말에 순종했던 셋째 딸은 더욱더 큰 부자가 되었고, 한 개도 안 가져온 큰 딸은 이미 후회해도 아무 소용없었습니다.

물론 어려서 이 이야기를 한낱 옛날부터 내려오는 지어낸 이야기로만 들었는데, 지금 생각하니 이것은 오늘날에도 다시 새겨 볼 일입니다. 선생님이나 부모님 말씀에 순종하여 성공한 것은 써도써도 달아 없어지지 않는 금덩어리와 같은 것 아니겠습니까?

✲✲ 나의 실생활을 되돌아봅시다. 어른께는 경어를 사용하고 있는지, 친구들과는 편견을 갖지 않고 포용력 있게 잘 지내고 있는지, 부모님의 뜻을 모르고 내 마음대로 하여 부모님을 속상하게 한 일은 없는지, 앞으로 어떤 점을 고쳐야 할지 등을 생각해 봅시다.

Ⅱ. 수신편(修身編)

몸과 마음을 바르게 하라

수신이란 깊은 산속에 들어가 고행을 하면서 얻어지는 경지로 생각할 수도 있지만 일상생활에서 '예(禮)'를 지키면서 언행을 조심하고, 그 행함에 있어서 아버지는 아버지로서, 자식은 자식으로서, 친구는 친구로서 격에 맞는 처신을 하는 것입니다.

수신이란 사서삼경 중의 하나인 대학에 나오는 말로 옛날 선비들의 공부 방법의 하나로 마음과 몸을 바르게 하는 데 있습니다.

배우기를 좋아해서 머릿속에 지식을 쌓고, 그 배운 바대로 행동할 수 있도록 노력하는 것입니다. 그리고 사람으로서 하여서는 아니 되는 행동과 부당한 일을 보았을 때는 그것을 제지할 수 있는 행동을 해야 하는데 그렇게 하지 못한 것에 대해 부끄러움을 느껴야 합니다.

수신이란 보고자 할 때는 바르고 의로운 것을 보며, 폭력적이고 음란한 것을 피하고, 듣고자 할 때는 의롭고 선행을 베푼 이야기를 듣고, 남을 모함하거나 욕되게 하는 것은 듣지 말 것이며, 말하고 행동할 때는 의롭고 바르게 말하며, 상대방을 자극하여 반감을 사지 않고, 도박을 멀리하는 몸가짐을 하는 것입니다.

남에게 너무 나서지 않고, 나로 하여금 남에게 해를 주지 않으며, 그렇다고 너무 위축되어 할 말도 못하고 숨죽여 살아서도 안 됩니다.

1. 극기(克己)

욕망을 참고 억제하여 몸과 마음을 바르게 하자.

① 항상 복장과 용모를 단정히 하자

몸(형상)이 단정하고 깨끗하면 마음도 바르며 또한 그것이 겉으로 드러난다는 형단표정(形端表正)이란 말이 있습니다.

TV에 나오는 탤런트들을 보면 같은 사람이라도 왕으로 분장하여 왕이 입는 옷을 입고 나오면 왕으로서 손색이 없는 그럴 듯한 인물이 되고, 거지나 깡패로 분장하여 옷을 입고 나오면 영락없는 거지나 깡패로 보입니다. 외출할 때 옷을 너무 허름하게 입고 나가면 거지나 형편없는 사람으로 무시당하고, 용건을 말해도 상대방이 진지하게 듣지 않을 수도 있습니다. 그러나 옷을 단정하게 입고 나가면 전혀 다른 사람으로 정중한 대우를 받을 것입니다.

간혹 보면 청바지가 너덜너덜하여 속살이 다 보이는 것을 멋이라고 입고 다니는 사람들이 있는가 하면 이상한 머리를 하고 다니는 사람들도 있는데, 이것을 개성이라 하지만 단정한 몸매와 옷차림은 자기의 최고의 추천장입니다. 그렇다고 값비싼 옷을 입으라는 것이 아니라 깨끗하고 단정하게 입으라는 뜻입니다.

우리는 옷을 단정히 입는 사람을 영국신사라 부르기도 합니다. 이것은 바로 단정한 옷차림에 우선은 그 사람의 품격을 높여 대우해 주는 것입니다. 또한 옷차림을 단정하게 하면 행동이나 몸가짐도 함부로 하지 않게 됩니다. 우리 속담에 '거지도 손 볼 날이 있다' 하여 깨끗한 옷 한 벌쯤은 준비해 두어 예를 갖출 자리에 입고 갈 수 있도록 해야 합니다.

② 나의 행, 불행은 마음먹기에 달렸다

한 때의 화를 참으면 두고두고 후회할 일이 없다.

일시적인 분한 마음을 참으면 백일의 근심, 즉 두고두고 후회할 일이 없다는 말이 있습니다. 살면서 화나는 일들도 많고, 욕이라도 실컷 해주고 싶은 일들이 많이 생깁니다. 그러나 화가 난다고 또는 자존심이 상한다고 참지 못하고 덤벼들어 다툰다든지, 욕설과 험담을 하였다가 돌이킬 수 없는 오점을 남길 수 있습니다. 그럴수록 더 참고 내실을 다지는 것입니다.

키가 작고 좀 잘생긴 편이 아니라고 친구들이 놀릴 때, 덤벼들어 싸워서라도 다시는 그런 말을 못하게 하고 싶지만 덤벼들었다가는 상대로 보나, 숫자로 보나 도저히 적수가 되지 못하니, '참자, 두고 보자, 나는 키도 작고 얼굴도 못 생겼으니 공부라도 너희보다 뛰어나게 잘해야지' 하며 열등의식에 빠지지 않고 열심히 공부하면 훗날 놀리며 못살게 굴던 그들보다 상급학교 진학과 사회진출도 월등히 잘하게 될 것입니다. 사람의 모습은 일생에 열 번도 더 변한다고 합니다.

만일 그 당시에 분을 참지 못하고 덤벼들었다가 맞아서 갈비뼈라도 다쳤다면, 또는 잘못하여 평생 불구로 살 수도 있는 것을, 자존심을 잠시 접어 참고 극복하고자 노력한다면 이는 전화위복(轉禍爲福)이 되어 평생을 행복하게 살 것입니다. 우리나라 건국초기에 유명한 대학의 총장과 문교부 장관도 지내신 아주 훌륭한 분이 계셨습니다. 그분의 이름은 밝히지 않지만 그분에 대해서 쓴 이야기를 조금 읽은 일이 있었습니다. 당시 우리나라는 국력이 없어 국제사회에서 큰 영향력을 발휘하지 못하는 때였지만 그분이 우리나라를 대표하여 나간 국제모임에서의 그분의 활약은 모든 각국의 대표자들 중에서도 마치 큰 거목과 같았다고 합니다.

그분은 어려서 천연두를 앓아 얼굴이 곰보여서 젊은 시절 미국에서 공부할 때 인기가 없어 다른 친구들과 못 어울리고 요즈음 말하는 '왕따'를 당하였습니다. 그러나 기죽지 않고 다른 사람들이 신나게 놀러 다닐 때 이분은 열심히 공부하여 성공한 것입니다. 자신의 약점이나 단점을 극복하여 복으로 돌리는 지혜를 가집시다.

③ 남의 험담을 하지 마라

'남을 해치고자 하면 자신이 먼저 당한다.'

중국 주나라 태공이 한 말입니다. 명심보감의 정기편에 다음과 같은 남을 비난하지 말라는 가르침이 있습니다.

'사람을 평하려거든 모름지기 먼저 자신을 돌아보라. 남을 상하게 하는 말은 나에게 돌아와 자신을 상하게 한다.'

남에게 뿜으려 피를 머금으면 먼저 자신의 입부터 더러워진다고 선현들은 말씀하셨습니다. 즉 남의 험담을 하여 그 험담이 상대방에게 전해졌을 때 얼마나 기분 나쁠 것이며 자칫 싸움으로까지 번질 수도 있습니다. 또 듣는 사람도 남을 험담하는 사람은 내가 없는 자리에서 나의 험담을 하겠지 하여 앞으로 나를 경계할 것입니다. 남을 해치는 말은 도리어 자신을 해치게 됩니다.

본인이 없는 자리에서는 여러 사람이 알아도 좋은 칭찬 외에는 흉이나 단점을 말하지 말고, 근거 없는 소문은 함부로 말하지 않습니다. 말은 항상 신중하게 할 말과 안 할 말을 가려서 하여 신뢰를 받을 수 있도록 해야 합니다.

조선 후기 유명한 문인 군평(君平) 정두경은 또 이렇게 말했습니다.

'사람을 이롭게 하는 말은 따뜻하기가 솜과 같고, 사람을 상하게 하는 말은 날카롭기가 가시 같아 한 마디 말이 사람을 이롭게 함은 그 소중하기가 천금의 가치가 있고, 한 마디 말이 사람을 속상하게 함은 아프기가 칼로 베는 것과 같다.'

④ 받들 것 세 가지와 버려야 할 것 세 가지 - 參(석 삼)

석 삼 자 '參'(석 삼)의 재미있는 풀이가 있습니다. 글자를 풀어보면 위의 세 고깔 모양 厽(담 쌓을 루)는 사람이 귀히 여기고 받들어 행할 것 세 가지와 人(사람 인) 밑의 彡(터럭 삼)은 터럭같이 있어 보아야 아무 쓸모가 없는 것이니 빨리 떨쳐 버릴 나쁜 버릇 세 가지가 있다는 표현으로 해석됩니다. 물론 재미로 붙인 풀이입니다. 그리고 각각 그 세 가지는 어떤 것인가를 예를 들어 다음과 같이 곰곰이 생각해 적어놓고 실천해 봅시다.

·실천할 세 가지 일: ① 국가에 충성, ② 부보님께 효도, ③ 친구간에 의리를 지키는 일.

·버려할 세 가지 일: ① 게으른 버릇, ② 친구간에 싸움 잘하는 것, ③ 욕심 부리는 것.

⑤ 핑계를 대지 말고 잘못을 나에게서 찾으라

활을 쏘아 적중하지 않거든 잘못을 나에게서 찾으세요. 시위를 놓을 때 흔들렸는지, 조준이 잘못되었는지, 또는 바람의 풍속이나 풍향을 잘못 알았는지 등 나의 잘못을 되짚어 고치면서 같은 잘못을 반복하지 않도록 합니다.

다른 사람이 활을 쏠 때는 바람이 안 불더니 내가 쏠 때는 바람이 불어서, 또는 남이 하라는 대로 해서 틀렸잖아 등, 핑계를 대거나 남 탓으로 돌리지 마십시오.

자기보다 잘한 사람을 칭찬하고 존경할 것이며, 자기의 부족함을 솔직히 시인하지 않고 자기보다 잘한 사람을 헐뜯고 흠집 내려는 비열한 사람이 되어서는 안 됩니다. 잘못은 내 스스로에서 찾아보고, 또 나보다 나은 사람이 있으면 경기에서는 비록 나의 경쟁자라 하더라도 실생활에서는 그와 더욱 가까이 사귀며 그의 장점을 본받고 새로운 것을 그에게서 배우려고 노력할 때, 또 나의 장점을 가르쳐 줄 때 서로에게 발전이 있을 것입니다. 그래야 다음경기에서 잘할 수 있을 것입니다.

⑥ 지나친 욕심은 근심과 걱정을 불러온다

송나라 때의 저작으로 착한 행실을 기록한 책으로 전해지고 있는 옛 어른들의 행동 지침서라 할 수 있는 《경행록》에 '만족을 알면 늘 즐겁고, 탐욕에 빠지면 근심걱정이 많다'고 경계하는 말이 있습니다.

터무니없는 욕심을 버리고 주어진 복에 만족하며 사는 것과 참는 일은 수신하는 데 있어서 늘 깊이 명심하고 지켜야 할 으뜸가는 큰 덕목입니다. 욕심은 가난한 사람에게 생기는 것이 아니라 주어진 복에 만족하지 못하고 남의 어려움을 보고도 측은하게 생각하여 베풀 줄 모르고 오로지 자신의 이익이나 명예만을 생각하기 때문에 생깁니다. 따라서 부자나 권력자가 오래 가지 못하는 것은 편안한 마음으로 제 분수를 지키며 만족함을 안다는 뜻의 '안분지족(安分知足)'의 의미를 깨닫지 못하기 때문입니다.

가진 자가 많이 가짐을 감사할 줄 모르고, 어려운 이웃과 같이 나누어 쓸 줄도 모르고 오히려 더 가지려는 욕심 때문에 도박을 하거나 과도한 빚으로 투자를 하다가 패가망신을 하기도 합니다. 또한 권력을 가진 자는 권력을 이용하여 욕심을 충족시키려다 모든 것을 잃고 패가망신하는 경우도 많이 있습니다.

물론 이상과 희망, 목표를 정하고 성취하려고 노력하는 것과 더 가지려는 욕심하고는 다릅니다. 성서에도 '욕심이 잉태하면 죄를 낳고 죄가 장성하면 사망에 이른다'고 하였습니다. 오늘 주신 작은 복에 감사하고 불쌍한 이웃에 '측은지심'으로 '인(仁; 어질 인)'을 베풀면 모두가 오래오래 행복할 것입니다.

　✲✲ 수신의 극기 즉 나를 이긴다는 것은 내 멋대로 하지 않고 나의 욕심을 절제하여 남에게 피해를 주지 않고, 그래서 남의 욕을 먹지 않으며 마음 편안하게 살아가는 것입니다. 극기를 위해서 어떤 자세와 태도를 가져야 할지를 알아봅시다.

2. 대인관계

① 남을 무시하지 마라

지위가 좀 있다하여, 또는 가진 것이 좀 있다고 남을 무시하거나 교만하여서는 안 됩니다. 배우지 못하여 무식하다고 무시하지 마십시오. 오히려 나보다 못한 사람을 측은하게 생각하고 그들의 힘과 지팡이가 되어주세요. 상대방이 잘못했다고 짜증내거나 화내지 말고 그의 능력과 수준에 맞추어 생각해보고 격려와 위로를 해주세요. 내가 지나친 것을 바란 것은 아닐까, 또 실수한 본인은 얼마나 미안하고 부끄럽게 생각할까를 생각해보고 웃으면서 따뜻한 위로를 해보세요. 얼마나 고마워하고 감격하겠습니까? 외모나 공이나 허물만으로 상대방을 대하지 말고 덕(德)과 정(情)과 의리로서 대해야 합니다.

세상은 혼자서는 못 산다고 합니다. 큰 사람은 큰 사람으로 작은 사람은 작은 사람으로, 글 잘하는 사람은 글 잘하는 사람으로 목수는 목수로 서로 돕고 힘을 보태야 모두가 조화롭게 살 수 있는 것입니다. 어느 누구도 무시당하거나 차별받아서도 안 되는 모두가 우리에게 아주 귀한 사람들입니다. 절대로 특별한 경우가 아니면 화내거나 짜증내지 마십시오. 여러분도 찡그린 얼굴이나 화가 잔뜩 난 사람보다는 웃는 모습의 친절한 사람이 훨씬 좋지 않습니까?

러시아의 문호 톨스토이가 말하기를 '이 세상에서 가장 귀한 사람은 지금 내가 만나고 있는 사람'이라고 했습니다. 즐거울 때 같이 즐거워하고 때로는 의견 충돌로 다투기도 하지만 그래도 무슨 일이 있으면 달려와서 같이 의논도 해 주고 같이 아파해 주는 가까이 있는 사람이 진정 내게는 귀한 사람입니다.

혹 마음을 잘 열지 않는 사람과도 잘 지내기 위해서는 먼저 그 사람을 알아야 합니다. 취미, 그 사람의 장점, 싫어하는 점, 관심사를 알고 마음을 열어 사이좋게 지내는 방법을 써 보세요. 한두 번이 아니고 지속적으로 관심을 갖고 베풀면 상대방도 감동하여 반드시 마음의 문을 열고 다가와 줄 것입니다.

'나를 귀히 여기고 남을 천하게 여기지 말고, 자신을 크게 여기고 자기보다 못한 사람을 업신여기지 말며, 용맹을 믿고서 적을 가볍게 여기지 말라.'

옛 성현 태공이 한 말입니다.

② 의심받을 일을 하지 마라

'오얏나무 밑에서 모자를 바르게 쓴다고 손을 들어 모자를 만지지 마라. 먼 데서 보면 오얏을 따는 것으로 오해할 수 있을 테니까. 참외밭을 지날 때 구부려서 신을 고쳐 신지 마라. 혹시라도 참외를 따는 것으로 오해할 수 있다.'

성리서(性理書)에 나오는 말로 아예 처음부터 오해를 살 수 있는 일을 하지 말라는 이야기입니다.

친한 친구간에도 오해로 멀어질 수 있고 잘못하면 죄인으로 몰릴 수도 있습니다. 친할수록 예를 지키라고 하였습니다. 친하다고 허락도 없이 친구의 물건을 가져다 쓰는 일도 있어서는 안 됩니다.

남이 감춰두고 보이지 않으려는 것을 억지로 보려 하지 말고, 남의 값나가는 물건에 자꾸 눈길을 주지 마십시오. 혹시라도 상대방에게 탐내는 것 같은 인상을 주어, 잃어버렸을 때 오해 받을 수도 있습니다. 그래서 남에게 의심 받는 일을 처음부터 하지 말아야 합니다.

또한 사실과 다르게 오해를 받는 일이 있으면 빨리 상대방을 만나서 전후사정을 사실대로 이야기하고 일이 본래의 뜻과 다르게 오해되고 있음을 해명해주어야 합니다. 무엇보다도 중요한 것은 의롭지 못한 나쁜 친구들과 어울려 다니지 않는 것입니다. 잘못하면 그들의 비행에 본의 아니게 연루되어 범인으로 오해 받을 수도 있습니다.

③ 힘으로 이기려 하지 마라

중국 진시황이 세운 진나라가 망하고 여러 영웅들이 천하를 차지하려고 각 도처에서 일어났습니다. 그 중에서도 항우와 유방의 세력이 제일 커서 진나라의 수도인 함양으로 진격해 들어갔습니다. 누가 먼저 함양을 점령하느냐에 따라 천하를 거머쥐게 되었습니다.

항우는 함양을 향해 진격할 때 자신의 앞을 가로막는 각 제후들을 무력으로 진압하였습니다. 반면 유방은 항우와는 달리 포섭정책으로 살생을 피하고 시간을 지체하더라도 항복을 권유하여 항복하는 제후에게는 다시 그 영토를 맡겨 다스리도록 하여 덕으로 제후들을 복종시키며 진격했습니다.

처음에는 항우가 빨리 진격해 들어가는 것 같았으나 잔인하게 쳐들어 갈수록 제후들의 방비는 더욱 견고하여 점점 지체되었습니다. 반면 유방의 포섭정책에 제후들이 처음에는 믿지 않았으나 유방의 진심을 알게 된 제후들은 항복하여 다시 그 지역을 다스릴 수 있는 권한을 갖게 되어 투항하는 제후들이 늘어나게 되어서 항우보다 먼저 함양에 입성하게 되었습니다.

이 이야기는 사람을 다스리는 데 항우처럼 힘의 논리로 밀어붙이는 형과 유방처럼 덕으로 사람의 마음을 끌어들이는 형으로 나눌 수 있겠습니다. 힘으로 복종시키는 것은 일시적으로는 고개를 숙여 복종하는 듯하나 상대방도 자기의 힘을 키워서 기회가 되면 다시 대립하려고 하지만 덕으로 복속하는 경우에는 마음에서 우러나오는 끈끈한 정으로 맺어지게 되어 대립과 반목이 줄어들어 좋은 관계가 오래 갑니다.

④ 먼저 인사하라 - 적극적이고 능동적으로

백두산 정상에 가기 위한 방법은 비행기 또는 자동차를 이용하여 가는 방법 등 여러 가지가 있습니다. 한라산이나 지리산도 마찬가지입니다. 이와 같이 그 어떤 산의 정상에 도달하기 위해서는 우리가 오르고자 하는 산을 직접 찾아가야 합니다.

인간관계도 마찬가지입니다. 내가 누구와 친하게 지내려면 그 사람이 내게 인사하고 오기를 기다리지 말고 내가 먼저 찾아가 인사하고, 이미 알고 지내던 사람도 좋은 관계를 유지하기 위해서는 먼저 인사하고 전화도 자주하여 좋은 관계를 유지하려고 노력해야 합니다. 이러한 것들은 나의 자존심을 상하게 하는 것이 아닙니다. 겸손한 마음으로 사귀고자 하는 사람을 누가 침 뱉어 쫓아내겠습니까? 살아가면서 능력 있고 훌륭한 사람을 친한 친구로 가까이 하면 나 자신도 그 친구를 닮게 될 것입니다.

이슬람교를 일으킨 아랍의 예언자 마호멧이 포교활동을 하던 때 사람들은 마호멧이 큰 산을 옮기는 기적을 행할 것이라고 생각하며 많은 사람들이 이 엄청난 현상을 보려고 모여들었습니다. 마호멧은 구름같이 많이 모여든 사람들이 보는 앞에서 옆에 있는 산을 향해 이리로 오라 소리쳤습니다.

사람들은 그 현상을 보려고 숨을 죽이고 조용히 기다렸습니다. 그러나 한참이 지나도 산이 오지 않자 사람들은 웅성거리기 시작했습니다. 이에 마호멧은 다시 군중을 향하여 열변을 토하였습니다.

"여러분, 산을 옮길 수 있는 분은 오직 알라신뿐입니다. 알라신 외에는 어느 누구도 산을 옮길 수 없습니다. 다만 우리는 산이 이리로 오지 않으면 우리가 그에게로 가면 되지 않습니까?" 하였다고 합니다. 우리가 원하는 것이 있으면 저절로 이루어지기를 기다리지 말고 스스로 직접 다가 가 취해야 합니다. 감나무 밑에 누워 자기 입으로 감이 떨어지기를 바라지 말고, 감나무에 올라가서 따 먹는 적극적으로 행동을 하십시오.

⑤ 너무 까다롭게 따지지 마라

공자는 '물이 지극히 맑으면 고기가 없고, 사람이 지극히 살피면 친구가 없다'고 하였습니다. 세상을 살면서 너무 꼬치꼬치 따지고 잘잘못을 지나치게 캐물으면 따르는 사람이 없을 뿐만 아니라 벗을 사귈 수 없다는 뜻입니다. 상대방이 거짓말을 해도 한두 번 정도는 아는 눈치를 보이면서도 넘어가 주면 당사자는 다음부터는 미안해서라도 정직해질 것입니다. 그러나 계약에 있어서는 만사불여튼튼이라고 세밀하게 명시하고 따져야 합니다.

⑥ 내가 하고 싶지 않은 일은 남도 싫다

사람 마음은 거의 모두가 비슷합니다. 내가 싫으면 다른 사람도 안 좋아하고 내가 좋은 것은 다른 사람도 좋아합니다. 내가 하기 싫은 일을 남이 해주기를 바라지 말고 오히려 솔선해서 하십시오. 사람들은 더 많은 믿음과 진정한 도움을 줄 것입니다. 치워야 할 더러운 것이 있으면 피해 다니지 말고 먼저 치우고 손을 깨끗이 닦으면 되지 않겠습니까? 해결해야 할 어려운 일을 봉사하는 마음으로 솔선하여 하고 있으면 다른 사람들도 같이 협조해 줄 것입니다.

옛말에 추기급인(推己及人)이라는 말이 있습니다. 즉 나를 미루어서 남을 생각한다는 말입니다. 다산 정약용은 가마 타고 가는 사람은 자기 편한 줄만 알았지 가마를 메고 가는 사람의 수고로움을 생각지 않는다고 꾸짖었습니다. 그래서 벼슬길에 올라 임지에 갈 때도 홀로

말을 타고 가 여러 사람의 수고로움이나 번거로움을 덜어주었다고
합니다.

⑦ 좋은 친구를 가려 사귀면 후회가 없다

《경행록》에 이르기를 말을 적게 하고 친구를 가려 사귀면 후회가
없고 근심과 모욕이 따르지 않는다고 했습니다.

근묵자흑(近墨自黑)이란 말이 있습니다. 검은 것을 가까이 하면 자기
도 모르게 검어진다는 것으로 친구를 가려 사귀라고 했습니다. 좋은
친구를 사귀면 친구의 좋은 점을 본받아서 좋은 사람이 될 수 있으나
나쁜 친구와 어울리면 자신도 모르는 사이에 나쁜 친구와 같은 사람이
되어 갈 수 있으니 좋은 친구를 사귀도록 가르치는 것입니다. 나쁜
친구와 어울려 다니다가 사고가 발생했을 때 자기는 직접 가담하지
않았더라도 함께 연루되어 처벌을 받는 경우가 있고, 또한 나쁜 친구와
함께 잘못을 저질렀을 때는 늘 불안하고 쫓기는 생활을 하게 됩니다.

좋은 친구는 내가 살아가는 데 스승이고 친구이며 나의 큰 행운이며
자랑입니다. 좋은 친구를 사귀면 사람들은 당신도 그와 똑같이 훌륭한
사람으로 알아 줄 것입니다. 이런 것을 유유상종(類類相從)이라 하며
끼리끼리 모인다는 뜻입니다.

⑧ 고집을 부리지 말라

나의 생각과 다른 사람의 생각이 다를 수가 있습니다. 자연 법칙이나
수학은 답이 같지만 사회과학이란 불변의 정답이 있을 수 없는 경우가

많이 있습니다. 그럴 때는 반드시 나의 생각만 고집하지 말고 상대방의 의견을 받아들일 수 있는 아량을 넓혀야 됩니다.

누가 나를 알아주지 않더라도 성내지 말고, 내 생각과 다른 사람의 생각이 다를지라도 상대방의 의견을 끝까지 경청하고, 그래도 나의 생각과 다르더라도 성내지 말고 참으면서 '아! 그런 경우도 있겠구나' 하고 받아들이면 이 또한 군자의 길입니다. 논어의 학이편에 있는 말씀입니다. 내 생각만 고집하다간 상대방과 영원히 인연을 끊게 될 수도 있고 고집불통으로 낙인찍힐 수도 있습니다.

태산은 좋은 흙 나쁜 흙 가리지 않고 모든 종류의 흙을 받아서 큰 산을 이루었고, 넓고 깊은 바다는 깨끗한 물뿐만 아니라 모든 더러운 물까지도 받아들여서 넓고 깊은 또 스스로 정화시켜 맑은 바다가 되었다고 합니다. 이 말은 포용력이 있는 반면에 자기의 중심이 흔들리지 않으면서 주위와 잘 융합할 줄 아는 사람이 되라는 뜻입니다.

⑨ 상대방을 먼저 인정하라

핑계 없는 무덤 없다는 속담이 있습니다.

누구에게나 다 그럴 만한 이유가 있다는 이야기일 것입니다. 잘못 판단하거나, 불합리한 이유를 합당하게 생각하는 경우도 있고, 또한 자기가 틀린 것을 알면서도 억지로 우겨대는 경우도 있습니다. 그러나 본인은 나름대로 그릇된 이유를 실수나 착각으로 정당하게 받아들였기에 그런 일을 했을 것입니다. 따라서 무조건 상대방이 틀렸다고 지적하기보다는 그 사람이 살아온 과거나 현실을 보고 그의 잘못된 점을 깨우쳐주어야 합니다. 상대방의 잘못을 보고 먼저 꾸짖기보다 왜 그렇게 하게 되었나를 생각하면서 이야기를 풀어 가면 서로에게 상처를 주지 않고 잘 풀어 나갈 수 있을 것입니다.

✲✲ 사람은 더불어 살아갑니다. 혼자서는 절대로 못 삽니다. 친구와 이웃과 친척과 어울려 사는 데 어떻게 하면 더 정겹고 다정하게 살 수 있겠는가를 생각해보고 메모하여 실천해 봅시다.

3. 근검절약(勤儉節約)

① 근면하고 성실하라

부지런함은 값을 따질 수 없는 보배요, 삼가고 신중한 것은 몸을 보존하는 데 중요한 일이라고 하였습니다. 하찮은 작은 일이라도 부단히 노력하지 않으면 이루지 못합니다. 더구나 큰일을 이루기 위해서는 하루 이틀 반짝하는 노력으로는 성공할 수 없습니다.

근면(勤勉)이란 두 글자를 재미있게 풀어 보겠습니다. 勤(부지런할 근) 자는 진흙(堇; 진흙 근) 밭은 식물이 잘 살지 못하는 땅이지만 열심히 일 한다는(力; 힘력, 부지런히 일할 력) 뜻이고, 勉(힘쓸 면) 자는 나이 들어 고생을 면(免; 면할 면)하려면 열심히 노력한다(力; 힘 력)는 뜻입니다. 부지런히 일하지 않으면 그 해 가을이나 늙어서 고생을 면하지 못한다는 이야기입니다.

아프리카 사람들이 기우제를 지내면 반드시 비가 왔다고 합니다. 어떻게 그들에게는 그런 능력이 있을까요? 답은 비가 올 때까지 기우제를 지냈으니까요. 마찬가지로 성공할 때까지 노력하면 꼭 이루어져 영광을 안을 것입니다

② 절약(節約)하라

명심보감에 이르기를 집안을 크게 이루는 길은 검약과 근면이라고 하였습니다.

수입의 많고 적음을 따지지 말고 알뜰하게 절약해서 미래를 위해 저축하고, 작은 것에도 감사할 줄 알아야 합니다. 남이 값비싼 명품을 들고 다닌다고 분수도 모르고 덩달아 따라하다가는 빚에 시달려 근심과 걱정이 떠나지 않을 것입니다. 돈이 아무리 많아도 하고 싶은 대로 하고, 사고 싶은 대로 산다면 그 돈이 없어지는 것은 얼마 가지 않습니다. 큰 재산을 상속받았던 사람이 계획 없이 멋대로 쓰다가 얼마 가지 않아 거지꼴이 된 경우를 많이 보았습니다. 없어진 후에 아무리 후회하고 다시 돈을 모으려 해도 그때는 되지 않습니다. 있을 때 절약하고 꼭 필요한 것이 있으면 실용적인 것으로 사서 절약한다면 풍족하지는 않지만 빚에 대한 걱정은 하지 않을 것입니다. 검소한 생활을 지속하면 작은 눈 뭉치가 점점 커져 크게 되듯이 세월의 흐름에 따라서 큰 보람과 미래에 대한 희망을 갖게 될 것입니다.

큰 부자도 처음에는 가난했던 사람이었습니다. 부지런히 일하고 절약하고 모아서 큰 부자가 되었던 것입니다. 돈은 아주 많지는 않더라도 남에게 꾸러 다니거나 빚에 시달리는 일은 없어야 합니다. 그렇게 하려면 부지런히 일하고 생긴 돈은 절약하여 저축하는 일입니다.

③ 계획적인 소비 - 가계부 정리로 소비를 절약하자

사람들은 해마다 살기가 어렵다고 아우성입니다. 재작년보다도 작년이 더 어려웠고 작년보다는 올해가 더 어렵다고도 합니다. 나뿐만이 아니라 우리세대 모두가 어려웠던 시절을 겪어보았기 때문에 정말 안타까운 일입니다.

나도 한 때 빚이 엄청나게 불어나 매달 수입의 전부가 이자로 나가고도 모자라서 이자를 다시 원금에 보태는 안타까운 십여 년이란 세월을 보내야만 했습니다. 그 무렵은 다른 생각은 안 나고 커져 가는 빚을 어떻게 줄일 수 있을까 하고 집중하여 가지고 있는 모든 것들을 헐값에라도 처분하려 했지만 그것마저도 뜻대로 되지 않아 밤낮으로 속만 태울 때도 있었습니다. 그때는 나도 별의별 안 좋은 생각도 다 해보았습니다. 그러나 정말 어른들 생각과 내 자존심이 그것을 허락하지 않았습니다. 그래서 어렵다는 사람들을 이해합니다.

우리는 너무 지나친 소비를 하고 있는 것은 아닌지 생각해 봅니다. 돈이 부족하면 외식도 줄이고 의복도 저렴하고 실속 있는 옷으로 바꾸어 지출을 줄여야 됩니다. 몇 년 전만 해도 집에 전화기 한 대만 있어도 아무런 불편이 없었는데 요즘은 가족마다 휴대폰 하나씩은 갖고 있으니 통신비만 해도 몇 배 이상 늘었습니다. 멀쩡한 휴대폰을 최신형으로 바꾸면 비용이 추가되어 통신비용은 더욱 늘어갈 것입니다.

부모님은 천원, 이천원도 아까워 마음 놓고 못 쓰는데 학생들은 여자친구와 함께 한 사람 한 끼 식사에 1~2만원짜리도 거리낌 없이 사 먹으니, 고급 음식점은 늘 잘되고, 백화점의 고급 외제품들은 물건이 없어 아우성인 것을 보면 소비자들이 분수도 모르고 과소비를 함으로써 집안이 어려운 것은 당연할 것입니다.

절약은 어려울 때뿐만 아니라 사업이 잘될 때에도 더욱 절약하여 저축을 해야 합니다. 현재 잘된다고 교만하지 말고, 불황이 올 때를, 또 경쟁자가 나타날 것을 대비해서 씀씀이를 줄이고 저축하여 어려움을 대비하여야 할 것입니다.

나무를 심으면 일 년에 20~30cm씩 자라나서 곧 하늘을 찌를 것 같지만 몇 년 자라고 나면 성장이 멈추듯이 사람과 기업도 마찬가지입니다. 기업이 계속 성장하려면 자본금을 저축하고, 새로운 제품 개발에 투자하고 생산하여 기업을 계속 키워가야 할 것입니다.

가계부를 정리하고, 계획적인 소비로 분수에 맞게 과다한 지출을 줄여서 어려움에 대비해야 어떠한 불황이나 어려움이 와도 흔들리지 않는 가정이나 기업을 만들 수 있습니다.

** 우리가 살아가면서 겪는 근심 걱정의 대부분은 경제 즉 돈으로 인한 경우가 제일 많은 것 같습니다. 물론 가족의 질병으로, 또 어떤 가정은 자녀들의 공부문제로 등등 여러 가지가 있지만 그래도 돈에 대한 걱정이 제일 많을 것 같습니다. 평소에 절약하고 저축하며 허영심을 버리고 터무니없는 욕심을 갖지 않는다면 훨씬 여유 있게 살 수 있을 것입니다.

4. 심성(心省)

허물없는 삶을 위해 반성하고 살펴보자.

① 포용력 있는 사람이 되자

마음에 드는 몇 사람과만 사귀지 말고, 예를 들면 부자집 친구와만 지내지 말고 가난한 집 친구와도 사귀면서 각각의 장점을 배우고 또 단점이 있으면 서로 가르쳐 줍니다.

내성적이어서 수줍어하거나 남한테 소외되어 늘 외로운 친구에게 따뜻한 우정의 손을 먼저 내밀어 사귀면 그 친구가 얼마나 좋아하겠습니까? 아마 평생을 잊지 않고 좋은 친구로 생각할 것입니다. 늘 너그러운 마음으로 친구를 대하고 편파적으로 친구를 대하지 말며, 어려운 처지의 친구나 외롭게 지내는 친구를 더욱 이해하고 보살펴 주어야 합니다.

② 아랫사람에게 묻는 것을 부끄럽게 여기지 마라

인류의 스승인 공자님이 제례를 주관할 때 공자님 혼자 생각으로 하는 것이 아니라 전임자나 연세가 많은 여러분의 뜻을 물어 진행하였다고 합니다. 하루는 제자들이 스승님께서 다 아시는 일들을 직접 하셔도 될 일을 왜 물으면서 하느냐고 불평을 하자 묻는 것도 예(禮)라고 하였습니다.

나이가 많다거나 학식이 많다고 다 알 수는 없습니다. 모르는 것을 묻는 것은 부끄러운 일이 아니며 오히려 용기 있는 일입니다.

옛날 박문수 어사가 지팡이를 짚고 초라한 행색으로 길을 걷고 있는데 한 사람이 헐레벌떡 뛰어오더니 뒤에 칼을 든 도적놈이 나를 죽이려고 쫓아오니 숨겨달라고 하였습니다. 어찌나 급했던지 그는 말도 끝나기 전에 옆에 있던 풀숲에 숨었습니다. 조금 있다가 칼을 든 힘상궂게 생긴 사람이 뛰어오더니 방금 여기 지나던 사람이 어디로 갔느냐고 물었습니다. 박문수 어사가 모른다고 하니 여기 길이 하나밖에 없는데 못 보았다는 것이 말이 되느냐며 멱살을 잡고 죽일 듯이 덤벼들었습니다. 어사는 어쩔 수 없이 풀숲으로 눈길을 주고는 죽어라 도망쳤습니다.

어사는 자신의 잘못으로 귀한 한 생명이 어떤 봉변을 당했을지도 모른다는 자책을 하며 그때 어떻게 했으면 좋았을까하고 곰곰이 생각해 보았지만 답이 나오질 않았습니다.

그날 밤을 묵어가려고 들른 곳이 시골 글방이었습니다. 스승은 안계시고 아이들이 원님놀이를 하면서 놀고 있었습니다. 비록 어린아이들이지만 아주 어른스럽고 기특하여 원님 역할을 하는 아이에게 낮에 어사가 겪었던 일을 놀이에 끼어들어 물어보았습니다.

그러자 원님 역할을 하던 어린아이가 "하 그것도 모르겠는가? 지팡이를 짚었겠다. 장님 흉내를 내며 나는 앞이 안 보여서 아무것도 못 보았다고 하면 되지 않는가?" 하는 것이었습니다.

과거시험에 장원급제하여 지식도 많고 지혜롭고 세상 경험이 풍부한 어사도 생각하지 못했던 것을 어린아이가 주저하지도 않고 풀어낸 것은 불치하문(不恥下問)의 좋은 예가 아닐 수 없습니다. 물론 이 이야기는 실제 이야기라기보다 사람들이 지어낸 이야기일 것입니다.

③ 지나친 근심과 걱정은 마음을 병들게 한다

지나친 욕심을 부리면 근심걱정으로 마음과 영혼이 병들게 됩니다. 마음이 편안해야 영혼이 맑고 여유가 있습니다. 내가 하는 일이 정당하고 죄 될 일이 아니라면 장래를 염려하거나 걱정하지 않아도 됩니다.

성경에 이런 말씀이 있습니다. '염려하지 마라. 하늘을 나는 새를 보라. 씨 뿌리고 가꾸고 거두지 않아도 하느님께서 먹여 살리지 않느냐.' 하물며 새보다 귀한 인간을…. 하지만 게으른 사람을 구제하지는 않습니다. 정당하게 이루려고 노력할 때 길을 열어주십니다.

④ 허물없는 삶을 위해서

사람은 늘 주위의 유혹을 받고 일단 그 유혹에 빠지면 일생을 두고두고 헤어날 수 없는 치명상이 될 수도 있습니다. 그래서 옛 어른들께서 말씀하시기를 우리는 늘 마음 가다듬기를 밀실에 앉아 있어도 사통팔달한 거리에서 남이 보고 있을 때 하는 것같이 하고, 마음을 절제하는 것은 여섯 마리의 말이 이끄는 마차를 억제하는 것같이 하면 화를 면할 수 있다고 하였습니다. 남이 볼 때는 잘하는 척하고 안 보면 멋대로 부도덕한 일을 하여 이중적인 생활을 경계한 말씀입니다. 명심보감에 나오는 말입니다.

군자의 행동은 늘 말과 행동이 일치해야합니다. 누가 보지 않는다고 부도덕한 행동을 하면 점점 그에 물들어 파멸에 이를 수 있습니다. 아무리 비밀스럽게 해도 비밀이 없습니다. 먼저 하늘이 알고 땅이 알고 또 상대가 알고 내가 아니까요. 중국 양진과 왕밀에 나오는 고사입니다.

공을 쌓기는 힘들어도 남은 모르겠지 하고 저지른 작은 허물이 어렵게 쌓은 공을 하루아침에 무너뜨릴 수 있으니 삼가고 조심할 일입니다.

⑤ 나를 미루어 상대방을 생각하라 - 추기급인(推己及人)

사람들은 자신에게는 관대하면서도 남에게는 작은 잘못에도 까다로운 경우가 많습니다.

'나에게 용서하는 후한 마음으로 남을 용서하고, 남을 추궁하는 마음으로 나를 책망하면 허물이 적어짐으로, 타인과의 관계가 항상 좋게 유지될 것입니다.' 명심보감에 나오는 말입니다.

내가 그런 입장이라면 나는 어떻게 했을까? 상대방의 실수를 너무 나무라지 말고 오히려 '그런 상황에서 그 정도인 것은 아주 잘한 일이며 다행이야' 하고 위로하며 앞으로는 같은 실수를 하지 않도록 격려해 주어야 합니다.

⑥ 정직이 최상책이다

인간 사회는 신의를 바탕으로 이루어집니다. 신의는 옛날이나 오늘날이나 변함없이 반드시 지켜야 할 중요한 덕목입니다. 삼강오륜 중에도 붕우유신은 친구간에는 믿음이 있어야 한다고 믿음의 바탕 위에 존재하는 것을 강조하였고, 화랑의 세속오계에도 교우유신으로 믿음과 의리를 강조하였습니다. 믿음이 없다면 사회가 어떻게 되었겠습니까? 사회는 질서가 없고, 아무 약속도 잡을 수가 없고, 교통시간표도 모두 엉터리여서 있으나 마나하고, 그래서 결국은 인간 상호간의 관계는 모두 깨져 버릴 것입니다.

신의는 정직한 마음을 지키고자 하는 의지가 있을 때 이루어집니다. 어떤 때는 정직이 아닌 이기심으로 요령을 피워 일을 저질러 놓고 처벌 받을 것을 두려워 거짓말 하는 경우도 있습니다. 정직하기 위해서는 용기가 필요합니다. 한번 거짓말을 하게 되면 이것은 마치 단추를 잘못 끼워서 계속 어긋나는 것같이, 결국은 거짓으로 판명이 나서 더 큰 망신을 당하거나 처벌을 받게 됩니다. 그러니 처음부터 용기를 갖고 정직하게 신의를 지켜 벌 받을 경우는 벌을 받고, 용서받을 경우는 용서를 받아 당당히 새롭게 처신하도록 해야 합니다.

왜 정직이 최선의 정책인가를 예를 들어 말하면, 내가 우리 집이나 또는 친척집에서 나의 우발적인 사고로 화재가 났을 경우 빨리 119에 전화하여 어찌어찌하다가 화재가 났으니 빨리 진압해 달라고 요청하면 피해를 크게 줄일 것을, 처벌 받을 것이 두려워 슬그머니 도망갔다면 그 피해는 엄청나게 커질 것입니다. 나의 집이나 친척집이 아닌 산불일 경우도 마찬가집니다. 용기 있는 정직은 희생을 크게 줄일 수 있습니다.

또 다른 예를 든다면 휴전선에서는 밤낮을 가리지 않고 보초를 서서

적의 침투를 막기 위해 감시하고 있습니다. 그런데 만일 내가 근무 중에 잠깐 졸음이 와서 방심한 사이 무장간첩 몇 명이 철조망을 뚫고 침투한 것을 깨고 나서 알았습니다. 이 사실을 어떻게 하겠습니까? 문책이 두려워 아무 일 없었던 척 하겠습니까? 아니면 처벌받을 것을 감수하고라도 사실을 말해 무장간첩들로 인해 올지도 모르는 엄청난 혼란을 속히 막기 위해서 정확한 보고를 하겠습니까? 당연히 후자의 자세를 택해야겠죠.

만일 처벌이 두려워 망설이고 숨기는 동안 간첩들이 마음 놓고 활동한다면 얼마나 끔찍한 일이 벌어지겠습니까? 내가 처벌을 받더라도 솔직히 보고하여 여러 사람이나 국가와 사회의 엄청난 희생을 막을 수 있을 것을 처벌이 두려워 숨겨서 일이 크게 일어난 후 진상이 밝혀지면 그 처벌이 훨씬 더 클 것입니다. 그래서 정직은 최상의 정책이라고 합니다. 정직하기 위해서는 용기와 희생정신이 필요합니다. 정직함은 숨기거나 속일 때보다 훨씬 더 큰 이익으로 돌아올 것입니다. 신용 있는 사람, 믿을 수 있는 사람으로 평생 믿음과 신뢰를 받으며 살 것이니까요.

⑦ 나의 생활신조

1. 정직하자
　① 변명하지 않는다. 나의 잘못은 솔직하게 인정하고 두 번 다시 반복되지 않도록 노력한다.

② 임기응변식 거짓말로 넘어가지 않는다. 나의 잘못에 대한 정당한 벌은 받는다.

③ 모든 계산은 정확하게 마무리한다.

④ 정도로 가며 유혹에 흔들리지 않는다.

2. 작은 일에도 감사하는 마음을 갖는다.

① 내가 받은 혜택은 반드시 크든 작든 감사의 뜻을 표하고 언젠가는 보답하도록 노력한다. 모든 인연을 소중히 여긴다.

② 도움을 받지만 말고 큰일이든 작은 선행이든 먼저 베풀도록 노력한다.

③ 측은지심을 갖고 모두에게 사랑을 베푼다.

3. 맡겨진 일은 최선을 다하여 완결한다.

① 주어진 일만이 아니고 더 할 일이 무엇인가를 찾아서 한다.

② 즐거운 마음으로 한다.

③ 인수인계까지 철저히 행한다.

4. 검소하고 근면하게 생활한다.

① 있을 때 아끼고 저축한다. 좋은 시절이 계속되는 것이 아니다.

② 일회용품을 가급적 사용하지 않는다. 작은 물건도 아끼고 재활용한다.

③ 터무니없고 분수에 넘치는 욕심은 생각하지 않는다. 어리석음과 죄악의 씨앗이 된다.

5. 본업에 충실하며 항시 연구하고 공부한다.

① 수시로 메모하고 익힌다.

② 나는 단순히 먹고 살기 위해서 이 일을 하는 것이 아니라 장래 이 분야의 대가가 될 목표를 갖고 적극적으로 공부하고 익힌다.

6. 나는 존귀하다.

7. 나는 할 수 있다.

8 명문지심(銘文之心) - 마음에 새기고 지킬 말씀

우리가 살아가는 데 있어 반드시 지켜야 할 보편적이고 지극히 타당한 정신과 행동의 지표입니다. 항상 마음에 새기고 가다듬어 처신함에 있어 어긋남이 없도록 해야 할 것입니다.

① 충(忠)과 효(孝)를 다하라. 국가에는 의무와 권리를 충실히 다하고 국가에 맞서는 일을 하지마라. 국가가 있기 때문에 우리 생활의 안전이 보장받는다. 효는 백행의 근본이다. 부모님께 순종하고 정성을 다하여 섬겨라.

② 근면(勤勉)하고 노력(努力)하며 최선을 다하라. 하늘은 네가 노력한 만큼의 대가를 주신다. 대충 대충이 아니고 늘 부지런히 최선을 다할 것이며 작은 시간도 목적 없이 헛되이 보내지 마라.

③ 검소(檢素)하고 절약(節約)하는 생활을 하라. 분수에 넘치게 사치하지 말 것이며 너의 재물이나 물건을 함부로 하지 말고 아끼고 아껴 써라. 만복의 근원은 검약에 있다. 또한 적정한 이윤을 생각하고 과분한 이익에 현혹되지 마라. 지나친 이익은 이치상 있을 수 없는 일이며 함정에 빠지는 어리석음을 범하기 쉽다.

④ 겸손(謙遜)하고 정직(正直)하고 사양(辭讓)할 줄 아는 예의를 가져

라. 덕(德)은 겸양(謙讓)에서 생긴다. 늘 겸손하고 정직할 것이며 교만하거나 자만, 자랑을 하지 말고 남에게 먼저 사양할 줄도 알고 쓸데없는 고집을 주장하지 마라. 남의 나쁜 감정을 사게 될 수도 있다.

⑤ 이목구(耳目口; 귀, 눈, 입)를 조심하라. 남의 나쁜 점이나 약점을 찾지 말 것이며 확인되지 않은 나쁜 소문에 귀 기울이지 말 것이며 함부로 남을 평하지 말고 좋은 점을 말하며 칭찬하라.

⑥ 매사에 적극적(積極的)이고 능동적(能動的)으로 참여하라. 하는 일에 마지못해 억지로 하는 기분으로 하지 말고 모든 것은 내가 책임진다는 각오로 너의 최선을 다하라. 남의 탓이나 핑계를 대지 말고 나의 정성이 부족하지 않았나 반성하라. 대인 관계도 상대가 다가오기를 기다리지 말고 베푸는 마음으로 솔직하게 먼저 다가가라. 산이 움직여 내게 오지 않으니 내가 산으로 가서 만나듯이 지극한 정성으로 하면 하늘도 감동하여 움직인다.

⑨ 명심하고 반드시 지킬 생활신조

생활 속 마음의 중심은 정직과 인(忍; 참을 인)과 성실이다.

1. 정직하자.

① 한번 잃어버린 신뢰는 다시 찾기가 어렵다. 일시적 처벌이 두려워 임기응변 거짓으로 넘어갈 것이 아니고 진실을 고하고, 처벌을 감수하여 영원한 불신자로 낙인찍히지 않도록 하라.

② 자신에게도 정직하고 엄하여서 스스로를 용서하여 자기의 잘못을 여러 가지 핑계를 대 용서하거나 자신과의 약속에도 여러 이유로

합리화시켜 게으름을 쌓아 계획한 일을 그르치지 마라.

2. 인(忍) - 모든 일에서 참고 또 참자.

유혹에서 참아라. 욕심이 많으면 죄를 낳고 죄가 많으면 사망을 낳는다는 성경 구절이 있듯이 여자의 유혹, 돈의 유혹(욕심은 사람을 어리석게 만들고 그로 인해서 사기를 당한다), 뇌물의 유혹, 이(利; 이로울 이)의 유혹, 명예의 유혹, 잡기(놀음 등)의 유혹 등 모든 유혹에서 단호히 떨쳐 버리고 절대로 휘말리지 말아야 한다. 공을 쌓기는 어려워도 이러한 유혹에 빠지면 힘들여 쌓은 공이 무너지는 것은 한 순간에 일어난다.

① 허영을 참아라. 사치하고 싶은 마음에서 참고 남보다 잘나 보이려고 하는 마음에서 참고 늘 검소하게 살아라.

② 충동에서 참고, 그래도 꼭 해야겠다고 생각이 들 때는 다시 한 번 부모와 같이 신중하게 생각한 다음에 결정하고 결정된 일은 전력을 다하라. 일시적인 필요나 하고 싶은 일을 조금만 미루면 큰돈이 빠져나가는 것을 막을 수 있다. 늘 확실한 계획과 설계에 의해서 하라. 절대로 충동적인 일에 투자하지 마라.

③ 일시적으로 기분 나쁘고 화난다 해서 말을 함부로 하거나 성질을 부리지 마라. 한때의 분한 마음을 참으면 백일 - 아니 두고두고 후회할 일을 면하게 된다. 큰그릇은 여러 가지 좋은 것 나쁜 것 등을 다 포용하여 이루어지는 것이다. 꼭 해야 할 때는 6하 원칙에 따라 확실하게 하라 .

④ 힘 든다고 쉽게 포기하지 마라. 일단 시작한 일은 어떤 어려운

일이 있더라도 포기하지 않고 계속하면 반드시 이루어진다. 쉽게 할 수 있는 일이면 벌써 다른 사람들이 다 했을 것이다. 5 프로라도 가능성이 있다면 절대로 포기하지 말고 늘 더 낳은 일에 도전하여 노력하라. 아예 불가능하거나 성취되어도 노력과 비용보다 못할 경우는 빨리 포기하라.

3. 성실하게 살자.

1) 자기 자신에게 성실하라.

① 몸가짐을 바르게 하라. 형단표정(形端表正), 즉 몸가짐이 바르고 깨끗하면 마음도 바르고 또 겉으로 바르게 나타난다.

② 언어(言語)를 순화시켜 고운 말을 써라.

③ 자주 반성하고 두 번 다시 같은 실수를 되풀이하지 않도록 하라. 또한 잘한 일은 더욱더 잘하도록 힘쓰라.

2) 상대방에 성실하게 대하라.

지금 네 앞에 있는 사람이 최고의 손님이라 생각하고 성실하게 대하라. 설령 그가 너와 사이가 안 좋은 사람이라도 이번 기회에 잘하여서 두 사람 사이의 관계가 좋게 풀릴 수 있도록 진실하고 성실하게 대하라.

3) 내가 하는 일에 최선을 다해서 성실하게 전념하라.

① 이것을 성공시키지 못하면 다른 일도 성공시키지 못한다는 생각으로 지금 하는 일을 크게 성공시키도록 최선을 다하라 .

② 직분에 충실하라. 나의 직분에 충실하여 열심히 하면 자연히 남들이 너를 인정해 줄 것이다.

✱✱ 부끄러움 없는 삶은 깨끗하고 맑은 마음에서 옵니다. 자주 반성하고 결심하여 부끄러움 없고 즐거운 삶을 사세요. 흔들림 없는 맑고 깨끗한 삶을 위해서는 확고한 마음의 좌표가 있어야 합니다.

5. 교훈(敎訓)

배움과 깨달음으로 모나지 않고 지혜롭게 살자.

① 눈과 귀와 입을 조심하라

옛 어른들은 귀로 남의 그릇됨을 듣지 말고, 눈으로 남의 모자람을 보지 말고, 입으로 남의 허물을 말하지 아니하면 이는 군자와 같다고 하였습니다.

입은 화와 근심을 부르는 문이니 입을 조심하여야 합니다. 함께 살아가면서 뜻을 전하기 위해 말하는 것은 필수적이지만 말을 조심하지 않고, 또 진실여부도 확인하지 않고 그냥 들은 대로, 상대방을 모함하기 위해 하는 경우는 서로에게 필요한 것이 아니라 그 말의 잘못으로 화와 근심을 초래하여 엄청난 고초를 겪을 수 있습니다. 역사적으로도 말을 함부로 하거나, 거짓말을 하여 엄청난 재앙을 불러온 경우도 허다하게 많습니다.

연산군 때의 무오사화와 갑자사화가 그 한 예이고, 임진년에 거짓을 증언해 국가 전체에 7년이란 기나긴 전쟁인 임진왜란이란 재앙을 불러왔습니다. 이처럼 말을 잘못하면 거짓말을 하는 본인은 물론 상대방 한 사람뿐 아니라 여러 사람이 같이 커다란 화를 당하게 되는 것입니다.

거짓 정보나 허위정보를 퍼뜨리는 사람들은 오직 개인이나 자기

집단만의 이익을 위해서이고, 사회나 국가는 혼란에 빠지든 말든 망국으로 가는 것을 알면서도 서슴없이 그런 짓을 자행하고 있는 사람도 있습니다. 우리는 이것을 잘 선별해 받아들여야 합니다. 또한 자신과 사회와 국가의 안전을 위해서 평소에 귀로는 나쁜 말을 듣지 말고 의롭고 좋은 말만 들으며, 눈으로는 남의 단점을 보려고 하지 말고 아름답고 착한 점만을 보며, 입으로는 남의 허물을 말하지 않는다면 이런 사람이 군자나 거의 다르지 않은 훌륭한 사람입니다. 반면에 친구나 아는 사람의 엄연한 그릇된 점을 보거나 들었다면 친한 친구로서 친지로서 충심된 마음에서 조언이나 충고를 해주어 고치도록 할 것이지 그냥 지나치고 침묵한다면 이 또한 지인의 도리가 아닙니다.

② 아첨과 가르침을 가려서 들어라

나를 칭찬하는 말이라고 다 좋은 말이고 나의 귀에 거슬리는 말이라고 해서 다 나쁜 말은 아닙니다. 공자님께서는 "나에게 좋은 말만 하는 사람은 나의 적이요, 나를 나쁘게 말하는 사람은 나의 스승이다." 라고 하였습니다.

물론 나에게 칭찬하는 좋은 말을 하는 사람이 다 적이 아니라 아부하고 아첨하여 판단을 흐리게 하는 말을 조심하라는 의미입니다. 또한 나를 나쁘게 말하는 사람이 나의 스승이 된다는 것이 아니라 단점과 부족한 점을 고치도록 이야기해 준다는 것을 의미합니다. 내게 잘못이나 단점을 깨우쳐 주려고 말해 준 것을 기분 나쁘게 듣고 속 좁게 처신해서는 안 되겠지요. 오히려 웃으면서 내게 좋은 가르침을 주어 고맙다고 감사의 손을 내밀어 보십시오.

③ 남의 잘못을 보고 나의 거울로 삼아라

중국 타산에서 생산되는 돌은 돌로서의 가치는 없지만 이 돌로 옥을 연마하면 광채를 내는 데 없어서는 안 될 재료라 합니다. 이것은 다른 사람의 하찮은 언행이나 욕을 먹는 언행도 자기의 지덕을 연마하는 데 도움이 된다는 말입니다. 타산지석(他山之石)이란 다른 사람의 행동을 보고 배우라는 가르침입니다.

공자님께서 말씀하시길 세 사람이 함께 가면 반드시 스승이 있으니, 그 사람을 가려 본받으라고 하였습니다. 잘하는 사람은 그를 본받아 덕을 배우고 못하는 사람은 왜 그렇게 하는 것이 나쁜 일인가를 알아서 조심하라는 뜻이겠지요.

반면교사(反面教師)란 다른 사람이나 사물의 그릇된 면을 보고 깨달아 가르침을 배운다는 뜻으로 옛 말씀에 앞집 며느리 혼나는 것을 보고 뒷집 며느리 사람 된다는 말과 같습니다.

④ 선입관을 갖지 마라

주이불비(周而不比)란 한 쪽 말만 믿어서는 안 된다는 말입니다. 잘 살펴보고 편견을 갖지 말고 종합하여서 판단하라는 뜻입니다. 옛 속담에 장님 코끼리 만지듯 한다고 하는 말이 있습니다. 여러 장님들의 이야기를 종합하여 듣는다면 어느 한 장님의 말만 듣고서 생각한 것과는 실제에 더 가까운 코끼리를 생각할 수 있을 것입니다. 한쪽 말만 믿어서는 편파적이 되어 사물의 진실을 알 수 없습니다.

사람은 늘 과거와 같은 사람이 아닙니다. 한번 마음먹고 과거의 잘못이나 나쁜 버릇을 고치겠다고 생각하면 그 시간부터 새로운 사람으로 변신할 수 있습니다. 오염된 연못이 저절로 깨끗해지려면 오랜 시간이 걸리지만 사람은 마음먹는 그 순간부터 새로운 사람이 될 수 있습니다.

내가 어려서 읽었던 이야기가 아직도 감명 깊게 기억에 남아 내용만을 적어보겠습니다.

영국의 어느 시골학교에서 벌어진 일입니다. 스미스가 수업시간이 끝나고 잠시 쉬는 시간에 밖에 나갔다 교실에 들어오니 교실 분위기가 어수선하고 친구들이 몹시 당황해 하고 있었습니다. 둘러보니 창문 유리가 깨지고 커튼이 찢겨져 있었습니다. 평소 소심하고 내성적이면서 친구들과 잘 어울리지도 못하고 또 그렇다고 공부도 잘하지 못하면서 늘 뒤처지던 브라이언이 장난을 치다가 잘못하여 사고를 낸 것입니다. 담임선생님은 아주 엄한 분이어서 친구들은 거의 파랗게 질려 있었습니다. 휴식시간이 끝나고 선생님이 들어오셨습니다. 선생님은 단번에 교실의 이상한 분위기에 둘러보고 사고를 낸 사람을 나오라고 했습니다. 교실 안은 쥐죽은 듯 조용하고 아무도 나오지 않았습니다. 물론 당연히 브라이언이 나와야 하지만 엄한 선생님이시고 또 평소에 소심한 성격이고 하니 더욱 기가 질려 버렸는지 고개만 책상 위에 숙이고 있었습니다. 아무도 안 나오니 선생님은 한 사람 한 사람씩 자리에 세워서 했나 안했나 하고 물으셨습니다. 모두가 아니라 대답하고 자리에 앉았습니다. 브라이언 차례가 되어 선생님께서 불러 세우고 똑같이 물으셨습니다. 브라이언은 모기소리 만하게 아니라고 대답하고 자리에 앉았습니다. 이윽고 스미스 차례가 되었습니다. 다시 스미스에게 물었습니다. 스미스가 '선생님 죄송합니다. 제가 그랬습니다.' 하고 대답하였습니다. 선생님은 벌로 스미스의 종아리를 때려 엄히 벌하였습니다.

수업시간이 끝나고 브라이언은 자신을 몹시 책망하고 있었습니다. 못난 자식. 바보 병신… 하고. 부끄러워 얼굴도 들지 못하고 혼자 자리에서 울고 있었습니다. 스미스가 다가가 위로해 주었습니다. '괜찮아. 나, 하나도 안 아파. 미안해 할 것 없어. 앞으로 우리 서로 친하게 잘 지내자.'고 오히려 위로하였습니다.

그 후로 브라이언의 생활태도는 완전히 바뀌었습니다. 다만 겉으로 모양이 드러나지 않으니 친구들이 모를 뿐이었습니다. 크게 결심한 것입니다. '나도 당당하고 떳떳하게 살자.' 하고.

그 후로 세월은 흘러 서로는 사회에서 각자의 길을 당당히 가고 있었습니다. 그때 영국사회는 왕정의 잘못에 반대하는 시위가 크게 일어나고 있었는데 정부에서 시위의 주동자들을 모두 잡아들여 재판에 넘겼습니다. 재판관이 주동자들을 하나하나 검토하는 중에 스미스가 들어 있었습니다. 살펴보니 자기의 어렸을 때 그 친구였습니다. 그러나 재판관은 법에 따라 엄격히 판결을 하고 바로 국왕께 자신의 어렸을 때의 일을 이야기하면서 친구에 대한 국왕의 특별사면을 간청하였습니다. 국왕도 스미스의 의로움과 두 사람의 우정을 생각하여 특별사면을 내렸습니다. 그 재판관은 다름 아닌 브라이언이었습니다.

어렸을 때 그 후로 결심하여 생활태도도 바꾸고 공부도 열심히 하여 국왕의 특별한 신임을 받는 신하가 되어있었던 것입니다. 그는 국왕의 사면장을 들고 밤새 말을 달려 사형 집행장으로 달렸습니다. 날이 밝으면 교수형이 집행되기 때문이었습니다. 이윽고 날이 밝아올 무렵 사형 집행장에 도착하여 왕의 사면장을 제출하고 친구 스미스를 구해내었다는 아름다운 이야기입니다. 그 후 정부도 혁명파들의 의견을 일부 받아들여 잘못된 정치를 바로잡았다고 합니다.

사람은 깨닫고 마음을 고쳐 결심하면 그 순간부터 전과는 전혀 다른 새로운 사람이 될 수 있고 또 그래서 성공한 사람들이 많이 있습니다. 우리는 과거 한때의 실수를 가지고 평생의 낙인을 찍어 늘 똑같은 변하지 않은 사람으로 취급하는 경향이 있습니다. 물론 그런 사람도 많이 있습니다. 여러 번의 전과를 가지고도 개선하지 못하고 계속 죄를 지으며 사는 나쁜 사람들도 있습니다. 반면에 한두 번의 실수를 깨달은 순간 과거의 잘못과 태도를 깨끗이 청산하고 전혀 새로운 생활을 하는 사람도 많이 있습니다.

여러분도 잘못된 것이 있으면 반성하여 다시는 같은 잘못을 하지 않도록 결심하여 고치고, 잘못된 친구가 있으면 요즘 말로 '왕따'시키지 말고 친절히 대하고 가르쳐 주어 마음이 새로 태어나는 귀한 친구로 만들어 세상을 동행하는 친구가 되어야 할 것입니다. 진실에 감동하면 누구든지 변한다고 합니다. 상대방이 변하지 않은 것은 내 진실이 부족하기 때문일 수 있습니다.

⑤ 사슴을 쫓는 자는 산을 보지 못한다

어떤 일에 깊이 빠져 있거나 골몰할 경우 전체적인 상황파악이나 흐름을 보지 못한다는 것입니다. 주변의 충고나 조언을 듣지 않고 어떤 일에 집착하다가 전체적인 상황파악을 하지 못하여 손해를 보고 실패하는 경우를 아주 많이 볼 수 있습니다.

축록자 불견산(逐鹿者 不見山)이란 말이 있습니다. 사슴을 잡으려고 쫓아가는 사람은 산을 보지 못한다는 말이지요. 앞에 큰 살찐 사슴이 언뜻언뜻 보이는데 이놈 한 마리 잡는다 생각하면 얼마나 기분이 좋겠습니까? 다른 것은 아무것도 눈에 안 들어오고 오직 사슴만을 쫓아 죽기 살기로 온종일 쫓아다니다가 허탕을 치는 것입니다. 사슴을 잡으려면 그만한 사전 계획과 준비를 해야 하는데 어쩌다가 한 번 보고 잡으려 쫓는 것은 무모한 일이죠. 즉 어떤 일에 있어서 전체적인 구성이나 흐름을 파악하지 못하고 오로지 자기 생각에만 빠지면 오류를 범할 수도 있다는 뜻입니다.

한 번의 실패는 아주 치명적이어서 복구하기가 여간 어려운 것이 아닙니다. 어떤 일을 할 때 잠시 거리를 두고 냉철하게 조언하는 사람의 말에 귀를 기울여 깊이 헤아려 볼 필요가 있습니다.

⑥ 지혜는 경험에서 얻어진다

독서는 현명한 사람을 만들고 대화는 재치 있는 사람을 만든다고 합니다. 지혜는 경험에서 얻어지지만 우리가 모든 경험을 다 할 수는 없습니다. 이를 독서로서 또는 다른 사람의 경험담을 통하여 나의 경험으로 간접 체험하여 새로운 지식을 습득하는 것입니다. 학교에서 배우는 것도 있지만 학교에서 배우지 못하는 것 또한 많습니다. 개인이 다 체험하여 터득하기란 엄청난 시간과 비용이 들고 또 시간과 장소가 한정되어 있습니다.

독서를 많이 하면 지식이 풍부해져 지혜로워지고 사물에 통달하게 됩니다. 천재나 선각자의 오랜 시간과 각고의 노력을 통해서 나온 경험이나 생각을 큰 노력 없이 우리의 지식으로 받아들이는 것입니다. 책을 보면서 나름대로 생각하여 나만의 남다른 터득을 하였을 때 얼마나 기쁜 일이며 이렇게 나의 새로운 지식으로 만들어 가는 즐거움은 얼마나 크겠습니까.

공자님께서는 아침에 도(道; 길 도 – 즉 진리)를 깨달으면 낮에는 남에게 이를 알리면 저녁에 죽어도 여한이 없다고 하여 깨달음의 기쁨을 말하였습니다. 책은 우리가 알지 못하는 것을 깨닫게 하여 우리를 즐겁게 해주는 많은 진리가 있습니다.

7 여자가 갖추어야 할 4가지 덕목

옛 어른들은 여자는 출가하면 시집에 가서 친정집과 다른 가풍에 쉽게 적응할 수 있도록 네 가지 덕목을 강조하여 가르쳤습니다. 그러나 그 가르침은 요즘에도 또 여자뿐 아니라 남자들도 필히 명심하어 몸에 익혀야 할 덕목입니다.

① 부덕(婦德)-여자가 지켜야 할 덕행

마음이 맑고 절개 곧으며, 겸손하고, 몸가짐을 바르게 하며, 행동에 부끄러움을 느끼고, 함부로 아는 체하여 나서지 않으며 사양할 줄 알아야 합니다.

② 부언(婦言)-여자가 하는 말씨

천박스런 말은 하지 않으며 조용조용히 여유 있게 말합니다.

③ 부용(婦容)-여자의 용모

의복을 깨끗하게 입고 몸도 단정하게 가꿉니다.

④ 부공(婦功)-여자의 솜씨

바느질, 예술을 익히고 요리를 배워 맛있는 음식을 만듭니다.

8 부모님의 엄한 가르침이 바른 사람을 만든다

엄부자모(嚴父慈母)란 말이 있습니다. 엄(嚴)한 아버지와 자애로운 어머니라는 뜻으로, 아버지는 자식을 엄(嚴)하게 다루고, 어머니는 깊은 사랑으로 보살펴야 함을 이르는 말입니다. 엄한 아버지는 효자를 길러내고 엄한 어머니는 효녀를 길러낸다고도 하였습니다. 아이를 사랑하거든 잘못했을 때 매를 들고, 미워하거든 때리지 말고 먹을 것을 많이 주라는 말도 있습니다. 그러면 그 아이는 바보나 망나니가 되어 다른 사람의 미움을 받으니까요.

옛날 교육방식은 엄하였습니다. 자녀가 잘못하면 엄히 꾸짖어 두 번 다시 같은 잘못을 하지 않게 하였고, 사랑하는 자식이 잘못하거나 공부를 게을리 하면 매를 들어서라도 경계하였습니다.

요즘은 한 두 명만 낳아서 키우니 귀여워 온갖 시중 다 들어주고,

어지간히 잘못한 일은 눈감아주고, 자녀들이 사달라고 하면 자식 기안 죽이려고 아무리 어려워도 다 사주려고 합니다. 부모 힘든 것은 생각지도 않고 안 되면 불법적인 일도 망설이지 않습니다.

중국의 성군인 요임금은 아들이 버릇이 없고 방자하여 사위인 순임금에게 왕위를 물려주었다고 합니다. 추측해 보건대 당시에 최고 권력자의 아들이라 매로 교육을 시키지 않았기 때문일 수도 있습니다. 자녀가 아무리 어리더라도 잘못하였으면 책임을 지고 추궁을 받아야합니다. 다시 말해 혼나고 매를 맞는 것 아니겠습니까. 아버지는 자식이 잘못하면 두 번 다시 같은 잘못을 하지 않도록 엄히 꾸짖고, 어머니는 혼이나 의기소침해 있거나 화가 잔뜩 난 자녀를 조용한 곳으로 불러 잘 다독이면서 '너는 이러이러한 점에서 잘못하였다. 아직도 깨닫지 못하고 또다시 같은 잘못을 하면 이러이러한 피해가 너와 다른 사람들에게 미치니 아버지는 그것을 크게 염려하여서 혼을 낸 것이니 앞으로 다시는 그런 잘못을 하지 않도록 하여라. 아버지는 너희들을 사랑하신다. 너희들이 잘되기를 어느 누구보다도 더 간절히 바라시는 분이시다. 앞으로 아버지의 기대에 어긋나는 짓을 하지 않도록 하여라.' 이렇게 하면 어느 자식이 계속 어긋나겠습니까?

한자의 공경할 경(敬)의 글자 뜻은 진실로(苟; 진실로 구) 사랑하는 마음에서 매를 때려주는(攴; 칠 복) 분을 공경한다는 뜻입니다.

옛날 시골 서당에 한 학생이 공부를 안 하고 장난치기만을 좋아하는 학생이 있었습니다. 아무리 꾸짖고 달래도 고쳐지지 않아서 서당 앞의 가시나무 아래로 데려가 가시나무 회초리를 만들어 때려주었습니다.

그 후로 이 학생은 깨달은 바 있어 열심히 공부하여 과거시험에 합격하여 돌아와서 스승님께 감사의 인사를 드리고 또한 그 가시나무 앞에 가서 그 나무에도 감사의 절을 하였다고 합니다.

  ** 배움과 깨달음을 얻는 데에는 여러 방법으로 터득할 수 있습니다. 부모님으로부터, 학교에서, 책에서, 남의 모범적인 생활과 몸가짐에서, 또는 남의 그릇된 처신에서 우리는 가르침과 깨달음을 얻습니다. 모두가 다 우리의 중요한 가르침이 됩니다.

6. 겸양(謙讓)

겸손하며 양보하는 미덕으로 여유 있게 살자.

① 항상 겸손하라

복이 있어 재물이 많거나 관운이 있어 높은 직책에 오르더라도 늘 근신하고 자중해서 그렇지 않은 많은 사람들을 생각해서 베풀고 권세를 신중하게 사용해야합니다. 복이 다하면 몸이 빈궁해지니 있을 때 절약해서 어려운 이들에게 베풀어야합니다.

권세란 함부로 사용하다가 다하면 원수를 만나게 됩니다. 권세를 항상 자중하고 신중해야지 함부로 해서는 안 됩니다. 좀 있다고 절약하지 않고 마구 쓰고, 없는 사람에게는 교만해서 무시하면 그런 사람은 복이 달아나 가난하게 됐을 때 그 비난과 멸시는 자기가 하던 것보다 훨씬 더 크게 받을 것이며, 공적지위를 남용하여 남에게 억울하게 하고 그 자리에서 물러났을 때 길에서 원수로 만나 큰 봉변을 당할 수 있음을 옛날 어른들은 경계하였습니다. 인생에서 사치와 권세를 불러오는 교만은 시작은 있지만 그 끝은 없다고 합니다.

'스스로를 자랑하지 마라.' 군자가 한 말입니다.

스스로 옳다고 여기는 사람은 분명하게 판단하지 못하고, 스스로 만족해하는 사람은 더 발전하지 않으며, 스스로 뽐내는 사람은 공로가 없어지고, 스스로 자랑하는 삶은 그 기쁨이 오래 가지 못합니다.

나의 부족한 점을 개선하려 노력하고 나의 작은 성공에 뽐내지 말고, 많은 시간과 노력으로 함께 준비했다가 작은 실수로 실패한 이들을 겸손한 마음으로 위로하고 격려하면 오래오래 기쁨을 누릴 수 있을 것입니다. 자랑은 귀신이 시샘한다 하여 겸손할 것을 강조했습니다. 못된 귀신이 시샘하여 마음먹으면 무슨 일인들 못하겠습니까. 이것은 꼭 귀신이 아니더라도 사람들의 시기와 질투를 받을 수 있는 것을 염려한 것입니다. 늘 겸손한 마음으로 머리를 숙이고 더욱 정진하면 그 영광과 기쁨을 오래오래 누릴 것입니다.

겸손은 예에서 나옵니다. 여러분은 삼국지에 나오는 삼고초려의 이야기를 잘 알 것입니다. 항시 겸손하고 덕이 있는 유비는 비록 작은 나라지만 한 나라의 왕이면서도 제갈공명을 모셔오기 위해 직접, 그것도 세 번씩이나 찾아가 머리 숙여 간곡히 부탁하여 이에 감동한 제갈공명은 평생을 목숨 바쳐 겸손한 유비에게 충성하였습니다. 조조가 대군을 이끌고 유비를 치러 쳐들어왔을 때도 아주 적은 수의 군대로 조조군을 격파하게 하였습니다. 그러나 조조는 그렇지 않았습니다. 유비에게 제갈량과 봉추선생을 천거한 정말 제갈량에 못지않은 지혜를 가진 서서가 유비를 모시고 있었는데 조조는 그 서서의 어머니를 볼모로 잡고 자기에게로 오지 않으면 서서의 어머니를 죽이겠다고 정당하지 못한 수법으로 협박하였습니다.

어머니의 목숨이 달려 서서는 할 수 없이 유비를 떠나 조조에게로 갔지만 겸손하지 않은 조조를 위해서 한 번도 일하지 않았다고 합니다.

겸손과 덕이야말로 부드럽지만 칼보다도 돈보다도 다른 어떤 것보다도 더 깊이 파고드는 힘이 있는 것입니다.

② 자만하지 마라

자기를 낮출 줄 아는 겸손한 사람은 높은 직책을 맡아도 역시 늘 겸손한 태도로 공무를 보고 군림하지 않아 공평무사하게 직무를 수행하지만, 교만한 사람은 조그만 권력이 쥐어져도 강자에는 굽히고 약자에는 군림하여 그 처리하는 것이 공평하지 못하여 결국에는 원수를 맺게 되는 경우도 생길 것입니다.

유비는 비록 황족이긴 하였지만 벼슬을 하여 정치적 경험이 있던 사람이 아니고 시골에서 돗자리 장사를 하던 사람이었습니다. 유비는 재물도 없고 칼이나 창을 잘 쓰는 장수도 아니었지만 덕이 있고 겸손한 사람이었기에 후일 촉한의 황제로 추대되어 백성을 덕으로 잘 다스렸습니다. 반면에 관우는 자타가 인정하는 천하제일의 장수였습니다. 사실 그는 어떤 싸움에서도 패하는 적이 없었고 적의 맹장과의 싸움에서도 늘 손쉽게 이겼습니다. 그래서 관우는 자만심과 교만한 마음을 항시 가지고 있었습니다. 제갈공명은 관우의 이런 점을 경고 내지는 일깨워 주었으나 고치지 못하고 늘 마음속에 품고 있던 '나는 천하무적'이라는 오만한 마음이 결국 자신을 파멸시키는 큰 오점이 되고 말았습니다.

유비가 최고로 믿는 장수 관우에게 형주성만을 굳게 지키게 하고 서천을 정복하러 떠났는데 관우는 공명심과 교만한 마음을 가졌다가 평소 조무래기라고 얕보던 여몽이 이끄는 군대에 형주성을 **빼앗기고**

죽음을 맞아 결국 유비가 천하통일을 하는 데 실패하게 된 직접적인 동기가 되었습니다. 겸손하지 못하고 자기 능력만을 지나치게 믿고 교만한 데서 온 돌이킬 수 없는 과실의 예가 될 것 같아 적어 보았습니다.

힘이 있다고 함부로 상대방을 얕보지 말고 대결할 때는 신중하게 하되 확실하게 제압하여 감히 넘볼 수 없도록 해야 합니다. 힘이 있다고 교만하지 말고 늘 겸손한 자세를 강조하는 가르침입니다.

옛말에 사나운 개 콧등 아물 날 없다고 싸움 좋아하는 사람은 아무리 힘이 세고 기술이 있다 해도 언젠가는 예기치 못한 강적을 만나 크게 다칠 수 있습니다. 여기서 힘이란 꼭 신체적인 힘만을 이르겠습니까? 권력이나 재물이 있다고 남에게 부당하게 하지 말라는 뜻도 포함된 것입니다.

'원수를 맺지 마라. 살아가다 보면 어디에선들 만나지 않겠는가?' 원한을 맺은 사람과 좁은 길에서 만나면 피하기 어렵다고 하였습니다. 겸손한 사람은 적을 만들지 않습니다.

③ 너그러운 마음

모든 일에 관용을 베풀면 복은 저절로 두터워진다고 합니다.

작은 실수나 고의가 아닌 실수를 너그럽게 처리하여 다시 열심히 일할 수 있도록 해야 합니다. 계획적인 잘못이 아닌, 열심히 하느라고 하다가 한 잘못을 크게 책망하거나 질책한다면 누가 정성을 다해 일을 하겠습니까? 나름대로 열심히 하고서도 능력 부족에서든지 여건이 안 맞아서 실패했을 때 오히려 위로하고 용기를 줌으로써 더욱 잘하려는 마음을 갖게 됩니다. 싸움에서 패한 장수에게 책임을 물어 무조건 처형하기보다는 다음 기회에 명예 회복할 기회를 주어 너그러이 사면한다면 다시는 같은 잘못을 하지 않으려고 더욱 열심히 할 것입니다. 또 그러한 장수를 처형했을 때 그러한 장수를 다시 얻는다는 것도 어려울 것이고 그가 빠진 군의 집단에서도 전력손실이 크게 나타날 것입니다.

여러분은 맛있는 큰 사과가 있는데 불행히도 운반 중에 상처가 나거나 조금 상해서 상품으로의 가치가 없어졌다고, 좀 상한 부분을 베어내고 먹어도 괜찮을 것을, 그냥 버리겠습니까? 과거의 실수나 생각에 잘못이 있었다고 영원히 매장하기보다는 잘못에 책임을 묻고 그 능력에 걸맞게 사용해도 될 것입니다.

한 인재를 키운다는 것은 여러 가지 조건이 맞아야 합니다. 무엇보다도 그만한 능력을 타고난 사람이어야 하고 또 많은 노력과 시간과 경비가 들어갑니다. 둔재에 아무리 시간과 돈과 노력을 들여도 조금 낳아질 수는 있어도 뛰어난 인재는 못 됩니다. 우리는 인재와 재목을 귀히 여기고 잘 활용해야 할 것입니다. 작은 잘 못을 너그럽게 용서하고 오히려 격려하여 다음번에는 잘하도록 용기를 북돋아 주면 감격해서도 앞으로는 더욱 잘할 것입니다.

장수나 학자뿐만 아니라 우리 주변의 모든 사람에게 너그럽게 대해야 할 것입니다. 그들은 모두 우리에게 소중한 사람늘입니다. 세획직으로 저지른 잘못이 아니라면 모든 일에 너그럽게 대하십시오. 다른 사람의 잘못을 탓하기보다 안타까워하고 또는 측은하세 생각하고 감싸주고 포용해주어 다시 일어설 수 있도록 용기를 주는 아량을 베풀면 누구보다도 고마워할 것입니다.

④ 패자에게도 위로와 격려를 해주는 넓은 마음

승부를 가르는 스포츠에는 반드시 승자와 패자가 나옵니다. 스포츠는 준비해온 시간에 비해 아주 짧은 시간에 승패가 갈립니다. 준비기간에 잘하던 선수가 실전에서 안타깝게 패자가 되거나, 준비기간에 잘못하던 선수가 실전에서 영광스럽게 승자가 되는 경우도 많이 있습니다. 패자는 승자를 축하해주고 승자는 많은 준비를 한 패자의 안타까움을 위로해 주고 격려하여 또 다시 도전할 수 있도록 용기를 북돋아 주어야 할 것입니다. 승자는 승리에 도취하지 말고 부족했던 부분에 대한 분석과 반성이 있어 보완한다면 오래도록 그 영광을 누릴 것입니다.

▌맹사성 이야기

맹사성은 고려 말 조선 초의 청렴하고 검소하며 또한 겸손한 사람의 대명사로 꼽히는 아주 훌륭한 사람입니다.

26세에 문과에 장원급제하여 경기도 어느 고을의 원님으로 부임하였습니다. 젊은 맹사성은 자만심에 가득 차 있었습니다. 장원급제 했겠다, 어린 나이에 고을의 원님으로 부임하니 그럴 만도 했습니다. 당시 지방수령은, 부임하면 그 지역의 덕망 있는 어른을 찾아가 인사드리고 고을을 다스리는 데 대한 조언을 듣는 절차가 있었다고 합니다. 맹사성도 그 고을의 아전에게 이 고을에서 제일 훌륭한 어른께 안내하라

하여 따라간 곳은 어느 이름 없는 선사였습니다. 맹사성은 거만한 태도로 "이 고을을 다스리는 데 명심할 가르침을 주십시오. 정사의 지표로 삼겠습니다." 하였습니다. 그러자 그 선사는 "나쁜 일을 하지 말고 좋은 일만 많이 하면 됩니다." 고 대답하였습니다. 화가 난 맹사성은 "그런 말은 누구든지 할 수 있는 말일세!" 하고 방을 나가려고 하니 선사는 맹사성의 소매를 잡으며 "이렇게 오셨는데 차나 한잔하고 가시라." 고 간곡히 부탁하여 마지못해 자리에 앉았습니다.

선사가 찻잔에 물을 따르는데 잔에 물이 넘쳐도 계속 따라 물이 방바닥에까지 넘쳐흘렀습니다. 맹사성이 무시당하는 생각에 기분 나쁜 표정으로 물이 넘친다고 하자 선사는 맹사성을 뚫어져라 바라보다가 "물이 넘치는 것은 알면서 지식이 있다고 오만이 넘쳐 인품을 손상시키고 있는 것은 모르십니까?" 하였습니다. 이 말에 맹사성은 퍼뜩 깨닫고 부끄러워 문을 열고 급히 방에서 나가려다가 문지방에 이마를 부딪치고 주저앉았습니다. 이를 보고 선사는 "고개를 조금만 숙이면 부딪침이 없는 법입니다." 하였습니다. 그 후로 매사성은 늘 겸손한 마음으로 주민을 보살폈고 후일 좌의정과 영의정에까지 오른 조선시대 최고 명재상 중 한 사람으로 꼽힙니다. 검소한 생활로 영의정이 되어서도 고향에 갈 때도 하인들을 대동하여 호기롭게 행차하지 않고 혼자서 허름한 옷에 소를 타고 다녔다고 합니다.

길을 가다가 남과 부딪혀 넘어졌을 때 어떤 사람은 벌떡 일어나 '눈 좀 똑바로 보고 다녀' 하고 호통을 치거나 싸울 듯이 덤벼들어 한동안 소득도 없이 옥신각신 하는 사람이 있는가 하면, 어떤 사람은 오히려 반대로 일어나 '아이구 죄송합니다. 제가 뭘 좀 골똘히 생각하다 큰 실수를 하였습니다. 어디 다치신 데는 없습니까?' 할 때 누가 그런 사람에게 싸우자고 덤벼들겠습니까. 기껏해야 '앞으로는 잘 보고 다니쇼.' 하고 지나갈 것입니다. 겸손한 사람에게는 적이 없습니다.

7. 보은(報恩)

타인에게서 받은 은혜는 절대로 감사함을 잊지 말고 경우에 따라서는 반드시 답례를 해야 합니다.

여러분이 어려워서 타인의 도움을 원했을 때 그 도움이 별 도움이 안 되었다 하더라도 반드시 감사의 뜻을 전하십시오. 또 타인의 도움을 받았을 때 반드시 부모님께 알려서 부모님도 고마움을 전할 수 있게 해야 합니다.

남의 도움으로 돈 문제가 해결되었음에도 불구하고, 갚아야 할 것도 갚지 않고 차일피일 미루거나 회피하는 경우를 종종 볼 수 있습니다. 그래서 남에게 빚을 주지도 말고, 빚을 지지도 말라는 이야기가 있습니다. 돈을 빌려주면 돈 잃고 사람 잃는다는 말은 속되지만 명심할 일입니다. 그러나 진정 아끼는 사람이라면 대가를 바라지 말고 도와주고, 도움을 받았을 때는 고마움을 잊지 말아야 할 것입니다.

옛 이야기에 결초보은(結草報恩)이라는 이야기가 있습니다. 그러니까 아주 오랜 옛날 약 2,500여 년 전 중국 춘추전국시대 위무자라는 사람이 사랑하는 젊고 예쁜 첩과 살았습니다. 그런데 그들 둘 사이에는 자식이 없었습니다. 위무자가 나이 들어 병이 들자 어느날 아들 과를 불러 자신이 죽거든 서모를 재가시키도록 당부하였습니다. 그러다가 병이 더 악화되자 다시 아들 과에게 자신이 죽거든 서모를 같이 묻어

달라고 하였답니다. 그 후 아버지가 죽자 과는 아버지가 정상적이었을 때 하신 유언이 아버님의 진심에서 하신 유언으로 보고 서모를 재가시켰습니다. 세월이 흘러 과가 장성하여 전쟁에 나가 싸우게 되었는데 진나라의 맹장 두회와 싸우게 되었습니다. 과는 두회에게는 적수가 되지 못했지만 두회가 풀에 걸려 넘어지는 바람에 그를 사로잡을 수 있었습니다. 그날 밤 꿈에 한 노인이 나타나서 자기의 딸 즉 과의 서모를 죽이지 않고 재가시켜주어 고마워서 어제 싸움에 풀을 묶어 두회가 걸려 넘어지게 하였다는 것입니다. 그래서 결초보은이라는 말이 나오게 되고 보은의 대명사로 부르게 되었습니다. 고마운 마음을 죽어서도 보은하는데 우리도 늘 고마운 마음을 잊지 않고 언젠가는 진정 감사하는 사람이 되어야겠습니다.

'은혜를 모르는 사람은 사람이 아니다.'라는 말도 있고 '개는 사흘을 기르면 3년 은혜를 안다.'는 말도 있습니다. 하물며 만물의 영장인 사람은 더 말할 것도 없겠습니다.

＊＊ 겸손한 사람은 적을 만들지 않습니다. 어떤 사람을 겸손한 사람이라 할 수 있겠는가를 생각해보세요.

8. 정기(正己)

행실을 바르게 하여 당당하게 살자.

몸과 마음이 경계해야 하는 일로 명심보감에 나오는 말입니다. 귀에 거슬리는 말이 행동에는 이롭다는 가르침이 있습니다. 또 나무가 먹줄을 따르면 곧고, 사람은 충고를 따르면 성인이 된다고 하였습니다. 즉 국가나 사회에서 또는 친구나 부모 형제가 말리는 것을 따르면 큰 실수나 손해 보는 일은 없을 것입니다. 그분들의 진실된 조언이나 충고를 어길 때 큰 손해나 행동에 큰 오점을 남기게 될 것입니다.

① 작은 일에도 만족하고 눈, 귀, 입을 조심하자

작은 일에도 만족하고 눈, 귀, 입을 조심하면 몸과 마음이 건강하고, 근심걱정이 없고, 남에게 욕을 먹는 부끄러움 없는 삶을 살 것입니다. 배우고, 듣고, 사색하고, 연구하는 것들은 생활에서 자연스럽게 실천되어야지 지식과 생활이 따로따로 겉돈다면 공부할 필요 없이 그때그때의 감정에 따라서 행동하면 될 것입니다.

남의 험담이나 비난으로부터 화를 피할 수 있는 방법은 남의 것을 탐하는 욕심을 부리지 말고, 작은 것을 누릴 수 있도록 해주신 창조주에게 감사드리는 것입니다. 눈으로는 불의한 것, 참혹한 현상을 보지 말 것이며, 귀로는 불의한 것, 거짓된 것 등을 듣지 말 것입니다. 어쩔 수 없이 눈과 귀로 부정한 것을 보거나 들었다 하더라도 입을 조심하여 의롭지 않거나 남을 손해 끼치는 말을 하지 않는다면 부끄러움 없이, 쫓기는 생활은 하지 않을 것입니다.

② 남을 욕하는 것은 하늘에 침 뱉는 것과 같다

우리가 하는 말을 뜻한 한자에는 言(말씀 언), 語(말씀 어), 舌(혀 설), 話(말할 화) 등이 있습니다.

• 言: 바늘을 형상한 辛(매울 신)을 뜻하는 글자에 口(입 구)를 붙여 만든 글자로 바늘과 같이 곧고 바른 사실만을 입으로 표현하라는 뜻에서 나온 글자로 보입니다.

• 語: 나(吾: 나 오)를 즉 나의 생각을 말로 표현하는 것입니다.

• 舌: 혀로 말할 때는 천(千: 일천 천) 번을 생각한 뒤에 말하라는 뜻입니다.

• 話: 말할 때는 천(千: 일천 천) 번을 생각한 후 신중하게 말하라는 뜻입니다.

화와 복은 입을 통해서 발생하는 것이니 주의해야 합니다. 남을 험담하거나 비방하지 말고 거짓증언을 하지 마십시오. 거짓 증언으로 무고한 사람이 큰 피해를 입게 될 것이고, 본인은 위증죄로 처벌을 받게 될 것입니다.

옛날 한 정승의 이런 시도 있습니다.

'말하기 좋다하고 남의 말 말 것이

남의 말 내 하면, 남도 내 말하는 것이

말로서 말 많으니 말 말까 하노라.'

▌홈-아낄 인

이 글자를 풀이해 보면, 어디 잘 모르는 데 가서 좀 안다고 글(文: 글월 문-재주) 자랑이나 말(口: 입 구-입, 말, 먹다)을 함부로 하지 말고 최대한 아껴서 꼭 할 말만 하고 알릴 일만 말하라는 뜻에서 만들어진 글자인 것 같습니다. 함부로 글재주 자랑이나 말을 잘못했다가는 인격과 명예에 큰 상처를 입기 때문입니다. 재물의 손상은 복구하면 되지만 인격의 상실은 복구하기 어렵기 때문입니다. 그렇게 망신당하지 않으려고 글 자랑이나 말을 지극히 아끼듯이 또한 물건이나 돈도 아끼라는 뜻도 있겠지요.

③ 남의 말을 그대로 쉽게 믿지 말고 반드시 살펴보라

사람들은 자기중심적으로 판단하기 때문에 깡패나 도둑일지라도 나에게 잘하면 좋은 사람이지만 객관적으로 보면 흉악한 사람이고, 의로운 사람이 비록 나의 잘못이나 사실을 직설적으로 깨우쳐 주면 섭섭하여 나에게는 좋지 않은 감정이 있는 사람이지만 사실은 정의로운 사람입니다. 사람을 평할 때는 조심스럽게 전체적인 것을 살펴보고 판단해야 합니다. 삼국지에서도 훌륭한 군자인 유비가 얼굴이 좀 잘생기지 못한 봉추 선생을 단순히 그 모양을 보고 대수롭지 않게 여기어

홀대를 했다가 후회하였던 이야기가 있습니다.

사람을 잘못 판단하면 귀인을 잃을 수도 있고, 나쁜 사람을 가까이 하게 될 위험성도 있으니 사람 고르는 데 신중해야 할 것입니다.

④ 말 한마디가 천냥 빚을 갚는다 - 진실한 말 한마디

'솔직한 마음이 사람을 감동시킨다.'

사람의 따뜻한 말 한마디가 천금보다 낫다고 했습니다. 말 한 번 잘하면 천냥 빚을 갚을 수 있지만 잘못하면 독사에게 물린 것보다 더 지독할 수도 있습니다. 이 말의 뜻은 감언이설이나 그럴듯한 달변으로 말을 잘하여 천냥의 빚을 면제시켜 준다는 그런 뜻은 아니지만 요령을 부려 일시적으로 모면하려 거짓말하지 말고 정직하고 성실하게 진실된 성의를 보이면 상대방도 어느 정도는 정상을 참작한다는 뜻이겠지요. 또 돈이 아니라도 다른 대책을 세울 수 있도록 도와주는 경우도 있을 것입니다. 어쨌든 정직하고 겸손하고 이에 책임지는 성실한 태도는 사람의 마음을 움직여 줄 것입니다. 반대로 기분 나쁘다고 참지 못하고 돌이킬 수 없는 말을 했다가는 말로 인해 큰 화가 될 것입니다.

⑤ 공명정대하고 신의를 지키며 살자

맑고 투명하여 사람들에게 의혹을 사는 일을 하지 말며 이익에 빠져 신의를 저버리는 일을 하지 말아야 합니다. 그래서 대장부는 공명정대한 것을 보고 명예와 충절을 태산보다 중히 여기는 것입니다.

의로운 자는 죽고 사는 것을 기러기 털보다 가볍게 여겨 구차하고

치욕스런 삶을 살려고 하지 않으며, 이익이 있어도 의로움에 반할 때는 단호히 배척하고, 나라가 위태로울 때는 목숨을 바쳐 나라를 위기에서 구하였습니다. 우리나라 반만년 역사가 대륙의 큰 나라들 틈에서도 망해 없어지지 않고 이렇게 당당하게 존재하는 것은 우리 조상의 살신성인의 실천이 있었기 때문입니다. 근세에도 여러분이 잘 아는 안중근 의사, 윤봉길 의사, 유관순 열사 같은 분들 역시 이러한 가르침을 두려움 없이 실천하신 분들입니다. 나라가 위기에 처하면 모셔야 할 부모님과 부양해야 할 부인과 사랑스런 자식이 있음에도 서슴없이 목숨을 내어 더 큰 나를 위해 조국을 구하는 데 힘 쓴 바로 견위수명(見危授命: 나라가 위태로울 때는 자신의 목숨까지도 바친다는 뜻의 한자성어)의 도를 실천하신 분들이 있었기에 작은 우리나라가 이렇게 당당하게 존재하는 것입니다.

대장부라면 행함에 있어 선을 지향하고 명분과 의리를 소중히 하는 것이 흔들림 없는 행동의 지표가 되어야 합니다.

⑥ 자존심 상하게 하는 충고나 조언에도 귀를 기울이라

혼자의 판단은 자기의 감정에 기초하여 판단하기 때문에 일을 추구하는 데 있어서 그르치는 경우가 많습니다. 사람들은 어떤 일에 몰두하면 남의 충고를 듣지 않고 자기 고집대로 하는 경우가 대부분입니다. 자기가 생각하는 환상에 빠져서 그런 경우도 있고 어떤 경우는 잘못을 알면서도 자존심으로 고치지 못하고 고집을 피우는 경우도 있습니다. 잠시 자존심을 덮고 냉정한 입장에서 조언이나 충고를 제삼자의 입장에서서 들어보면 고집 피워 나중에 큰 후회를 할 것을 덜 수 있습니다. 물론 자기의 생각이 옳을 수도 있습니다. 그러나 객관적 판단에서 틀린 것을 성공시키는 것은 상당히 어렵습니다.

7 겸양(謙讓), 검소(儉素), 근신(勤愼)

복이 있어 재물이 많거나 관운이 있어 높은 직책에 오르더라도 늘 근신하고 자중해서 그렇지 않은 많은 사람들을 생각해서 신중하게 사용하십시오. 3대 가는 부자가 없다고 하였습니다. 제1대는 안 먹고 안 쓰고 하며 가난에서 벗어나려고 근면과 검소로 악착같이 노력하여 부자를 이루었지만 2~3대는 선대의 어려움을 경험하지 못하고 자랐기 때문에 근면, 검소한 생활을 하지 않고 그 부를 언제까지나 계속 누릴 것으로 생각하고, 남에게 베풀 줄도 모르고 자기들만을 위하여 흥청망청 멋대로 쓰다 보면 자신도 모르는 사이에 재산은 모두가 흩어져 없어지는 경우를 많이 봅니다.

돈은 있을 때 절약해야 합니다. 돈은 안 써도 든든하고 마음 아픈 일이 없으나, 돈이 없을 때 꼭 필요한 곳에 못 쓰게 되면 마음이 비참해질 것입니다. 재화나 권세는 잠시 나에게 맡겨져 머물고 있는 것이지 언제나 나의 것은 아닙니다. 잘못 사용하면 떠나가 버리니 있을 때 더욱 근면하게 일하고 검소한 생활로 이를 지키며 어려운 이웃을 위하여 베풀어서 음덕을 쌓아야 할 것입니다.

＊＊ 몸을 바르게 하기 위해서는 분수에 넘치는 욕심을 버려야 합니다.

9. 안분(安分)

현실에 만족하며 터무니없는 욕심을 갖지 마라.

삶이 편안하려면

마음에 부담 없이 편안하게 살려면 법에 저촉되는 일을 하지 않아야 합니다.

법을 준수하고 지키는 것은 어려운 일이 아닙니다. 법을 지킨다는 것은 일상생활에서 조금만 신경 쓰면 할 수 있습니다. 개인의 욕심에 빠져 공익에 해로운 일을 법을 무시하고 위반하면 여러 사람에게 커다란 피해를 줍니다. 음주운전을 법으로 금한 것은 음주음전 시 사고 발생률이 훨씬 높고, 사고가 발생하면 본인은 물론 타인에게 엄청난 피해가 가기 때문입니다. 실제로 현실에서 일어나는 일로 법으로 금하고 위반 시 벌을 주고 하는 데도, 또 음주운전으로 발생한 참혹한 현장을 보고도 반복하는 사람들이 있는 것을 봅니다. 이것은 용기 있는 일이 아니고 딱하고 또 분노가 치미는 일입니다. 법을 어긴 사람 때문에 엉뚱한 사람이 평생 돌이킬 수 없는 불구로 신다는 것은 얼마나 가슴 아픈 일입니까?

법을 어기고 큰 죄를 짓는다면 숨어 살면서 언제 잡힐지 모르는 두려움에 늘 불안한 생활을 하게 됩니다. 옛말에 칼이 아무리 잘 들어도 죄 없는 사람은 베지 못한다고 하였습니다. 법을 준수하면 언제 어디를 가든지 늘 떳떳하고 당당할 것입니다.

▌허유와 소부의 이야기

허유는 아주 옛날 중국 요임금시대 살았던 어질고 지혜롭기로 명성이 높았던 은사(隱士: 벼슬을 하지 않고 숨어 사는 선비)였습니다.

요임금이 나이 들어 후위를 아들에게 물려주자니 그의 아들 단주는 나라를 다스릴 만한 그릇이 못 되었습니다. 요임금은 소문을 듣고 허유를 찾아가 왕위를 받아 줄 것을 부탁하였습니다. 그러나 허유는 사양하면서 뱁새가 숲속에서 둥지를 틀고 살지만 나뭇가지 몇 개면 되지 숲속의 모든 나뭇가지가 다 필요한 것은 아니며, 두더지가 황하의 물을 마시지만 배만 부르면 되지 그 이상은 아무 소용없는 것이라고 말했습니다. 그러고는 기산(箕山)으로 이사를 갔는데 다시 요임금이 사람을 보내 일부 지방만이라도 맡아 다스려 달라고 부탁하였습니다. 그러나 욕심이 없던 허유는 단호히 거절하고 기산의 영수라고 하는 계곡 물에 가서 들어서는 안 될 이야기를 들어 귀가 더러워졌다고 귀를 씻고 있었습니다. 때마침 소에 물을 먹이러 오던 친구 소부는 허유가 귀를 씻는 것을 보고 연유를 묻고 허유의 대답을 들은 뒤 더러운 귀를 씻은 더러운 물이라 하고 더 위쪽으로 가서 소에 물을 먹였다고 합니다.

** 삶이 편안하려면 어떤 생활태도를 가져야 할까요. 꼭 돈이 많이

있어서 즐겁고 편안한 삶은 아닐 것입니다. 세상은 참 좋은 곳입니다. 우리 모두가 법과 예를 지켜 남을 존중하면서 남에게 피해를 주지 않도록 조심한다면 얼마나 살기 좋은 세상입니까?

10. 유비무환(有備無患)

언제 닥칠지 모르는 재난이나 환난에 여유 있을 때 미리 대비하자.

① 다가올 근심된 일에 미리 대비하자

이미 일상적이지 않은 즐거움을 가졌거든 혹시라도 다가올 근심을 대비하여 방비해야 합니다. 나라에 태평성대가 오래 지속되면 혹시라도 있을 전쟁이나 환난에 대비해야 한다는 뜻입니다.

임진왜란은 오래도록 전쟁이 없어 국가적으로는 태평세월이었으나 환난이나 전쟁에 대한 준비 소홀로 7년이라는 긴 세월 간 전쟁으로 인한 백성들의 고통은 이루 말할 수가 없었었습니다. 당시 이율곡 같은 이는 나라가 너무 태평세월에 흘러 전쟁이 있을 수도 있으니 유사시를 대비하여 10만 병사를 양성할 것을 건의하였으나 묵살되고 그 결과 아무런 준비 없이 임진왜란을 당하고 큰 고생을 겪게 되었습니다. 다행히 이순신 장군이 전라도 수군통제사로 부임하여 군사를 훈련시키는 등 전쟁에 대한 대비를 철저히 하였기 때문에 나라를 구할 수가 있었습니다.

그리고도 조정에서는 반성하여 어쩌면 또 있을지도 모르는 전쟁에 대비하지 않고 당파 싸움만 계속하다가 임진왜란이 끝나고 채 40년도 안 되어 다시 병자호란을 겪었습니다. 우리가 늘 오랑캐라 부르며 업신여기던 여진족들에게 전 국토는 짓밟히고 온 국민은 엄청난 고통을 당했으며 결국은 치욕적인 항복을 하고 많은 부녀자들이 끌려가 갖은 수모를 받았습니다.

이런 역사는 재미있는 옛날얘기가 아닙니다. 지금도 생각하면 엄청난 고생을 했을 불쌍한 조상들과 전쟁에 대비하지 않고 당파싸움만 한 무능했던 정부에 분통이 터지고, 또 지금도 같은 상황이 재연되고 있는 것을 볼 때 참으로 안타깝습니다.

반면 세종은 4군과 6진을 개척하여 북방 오랑캐의 침입을 미리 방비하고자 성을 쌓을 때 백성들이 이 태평세월에 무슨 전쟁준비를 하느냐고 불만이 많았지만 세종은 도둑이 들어와 분탕질 치고 간 뒤에 성을 쌓으면 무슨 소용이 있느냐고 하면서 백성들을 설득하여 성도 쌓고 신무기도 많이 개발하여 국방을 튼튼히 함으로써 오히려 백성들은 평안하게 잘 살았습니다. 개인의 경우에도 집안이 평온할 때 저축을 많이 하여 예기치 못한 우환에 대비하고, 좋은 투자처가 생길 경우에도 투자할 수 있도록 준비하여 천재일우의 좋은 기회를 잃어서도 안 됩니다.

또한 안전운전을 철저히 지켜 안전사고 방지에 힘쓰고, 건강에 이롭지 못한 담배나 술을 금하여 미리 건강에 주의해야 합니다. 아는 것과 그 아는 것을 실생활에 적용하는 것은 다릅니다. 알고 있으면서 실행하지 않으면 아무 소용이 없는 것입니다. 우리나라의 위치로 볼 때 전쟁이 자주 일어나는 것을 알고도 당파싸움으로 국방을 소홀히 하여 큰 화를 불렀던 것이나, 또 술과 담배가 우리 건강과 경제에 크게 나쁘다는 것은 너무나 잘 알고 있으면서도 끊지 못하고 건강에 큰 탈이 나고서야 후회하는데 그때는 이미 늦었을 때입니다. 공부하라 하시는 부모님이나 선생님의 말씀을 듣지 않고 게임이나 오락에 빠져 아는 것도 없이 학교를 겨우 졸업하고 나중에 사회에 나와서 배우지 못한 것을 후회해도 소용이 없습니다. 우리는 알고 있는 지식을 실천해야 합니다.

② 늘 좋은 것은 아니다 - 어려울 때를 대비하자

누군가의 총애를 받으면 욕먹을 것을 염려하여 더욱 겸손하고, 평안하거든 위험한 때를 염려하여 대비해야합니다.

한 신하가 임금의 총애를 받으면 그렇지 않은 사람들은 시기와 질투로 그를 공격하기 위해 조그마한 잘못이라도 잡아내어 공격할 기회를 찾습니다. 그 예로 고려 때 정서는 인종의 총애를 받다가 인종이 죽고 의종이 즉위하면서 정서가 오래도록 총애를 받는 것을 시기하는 무리들이 있어 모함하니 의종이 이모부 되는 정서에게 그의 고향인 동래로 귀양을 보내면서 조정이 조용해질 때 다시 부르겠다고 하였습니다. 정서는 별 잘못도 하지 않았는데 총애를 독차지하니 시기하는 무리들이 생긴 것입니다. 정서는 시기하는 무리들 때문에 귀양살이를 하면서 왕이 다시 불러주기를 기다렸지만 부르지 않았습니다. 기다리다 지친 정서가 노래를 지어 부른 것이 유명한 '정과정곡'이라고 합니다.

꼭 임금이 아니라도 어느 누군가의 총애나 신임을 독차지하여 받을 때 더욱 겸손하여 시기와 질투를 받지 않도록 하십시오. 장마가 오기 전에 지붕이 새지 않을까 염려하여 또다시 한번 살펴 대비를 한다든지,

여유가 있을 때 저축하여 우환이나 위태로운 일에 대비하여 준비해야 하겠습니다. 건강할 때도 건강검진을 정기적으로 받아 미리미리 건강을 챙기면 건강한 생활을 계속할 수 있을 것입니다. 미리미리 살피고 준비하면 큰 화를 면 할 수 있을 것입니다.

　** 앞으로 일어날 가능성에 미리 준비한다는 것은 아주 중요한 일입니다. 한 달 후, 또는 일 년 후에 있을 시험에 준비한다든지, 일어날 일들이 무엇인가를 예측하여 준비해야 합니다.

11. 경천(敬天)

하늘을 공경하고 천륜과 인륜을 지키며 바르게 살자.

① 행한 대로 결과가 온다 - 인과응보(因果應報)

콩 심은데 콩 나고 팥 심은데 팥 난다는 속담도 있습니다. 즉 부모님께 효도하고 집안에 충실하면 자녀들 또한 부모님 따라서 효도하고 성실하게 생활할 것입니다.

선을 행하면 그 음덕이 자식에게 복이 되어 돌아올 것이고 악행을 하면 자식에게 재앙으로 돌아오게 되는 것입니다. 주위에서 조상들의 선행으로 후손들이 잘된 경우를 자주 봅니다. 그 중에서도 400년의 부를 이어온 경주 최부자집 이야기는 오늘을 사는 우리들에게도 깊은 감명을 주는 말씀이기에 어떻게 그런 부를 오래도록 유지할 수 있었는가를 그 어른들의 가르침인 가훈 6훈을 적어봅니다. 한마디로 말해서 베품과 겸손과 검소함의 실천이었다고 생각합니다.

① 과거를 보되 진사 이상의 벼슬을 하지 마라.

가문의 체면 유지나 하고, 자손들이 정쟁에 휘말려 헛된 희생을 당하는 것을 경계하고, 다음으로는 돈과 권력을 같이 갖게 되면 교만해지게 되는 것을 경계하였다고 생각합니다.

② 1년에 만석 이상의 재산은 사회에 환원하라.

지나친 욕심을 버리고 어려운 사람에게나 이웃에게 베풀며 더불어 사는 세상을 이루고자 하였습니다.

③ 흉년에는 땅을 사지 마라.

어려운 상황에 있는 사람의 약점을 잡아 없는 자에게서 억울하고 부당한 거래로 재산을 늘리지 않도록 하여 주위의 원한을 사지 말라는 것입니다.

④ 과객을 후하게 대접하라.

신분을 가리지 않고 모든 이에게 베품을 가르쳤습니다.

⑤ 주변 100리 안에 굶어 죽는 사람이 없게 하라.

주변에 덕을 널리 베풀어 공존 공생하여 더불어 사는 것을 가르쳤습니다.

⑥ 시집온 며느리는 3년간은 무명옷을 입게 하라.

가족들에게 돈이 있더라도 사치하지 않고 근면과 검소, 절약하는 생활을 강조하였습니다.

이러한 가르침을 주신 어른도 훌륭하지만 또한 그 가르침을 잘 받들어 지킨 후손들 또한 아주 훌륭하며, 이렇게 훌륭한 가르침을 실천하여 덕을 베풀었기에 그 부를 유지할 만한 충분한 사유가 된다고 생각합니다. 가훈으로 더 훌륭한 가르침을 받았어도 지키지 않았다면 안 받은 것만 같지 못하고 또한 그 부를 유지하지 못했을 것입니다. 반면 부자가 3대를 못 가는 경우도 있습니다만, 베풀고 선행하기보다는 좀 있다고 없는 사람을 무시하고 자기 이익만 추구했기 때문일 것입니다. 그래서 주위 사람의 욕을 먹고 시기와 질투를 받아 얼마 가지 않아 허물어졌을 것입니다. 있을 때 덕을 베풀고 선을 행하면 주위와 내가 함께 즐거울 것입니다. 덕을 베풀면 외롭지 않다고 했습니다. 덕을 베풀면 주위의 모든 사람들이 진정 나의 잘됨을 자기의 잘됨과 같이 여겨 좋아하고 나의 궂은일에는 자기의 궂은일같이 진정으로 마음아파해 줄 것이기 때문입니다.

겸손과 검소와 베풀면서 더불어 사는 마음가짐이 만복의 근원이 아니겠나 생각합니다.

② 하늘은 반드시 상과 벌을 빠지지 않고 주신다

하늘의 그물은 넓고 넓어도 어느 것 하나 놓치지 않고 다 집어내어 상을 주실 때는 반드시 상을 주시고 벌을 주실 때는 반드시 벌을 주시니 작은 잘못이라도 하지 말고 선행을 해야 합니다.

종교에서는 천당, 극락, 지옥 등을 말하지만, 현실에서는 자녀들이 올바르고 건강하게 자라서 후손들이 위 선대로부터 본받은 선행을 베풀 때 기쁘지 않겠습니까?

장자(莊子)가 말씀하시길, '하루라도 선을 생각하지 않으면 모든 악이 저절로 일어난다'고 하시어 늘 착한 생각을 갖고 나쁜 생각을 하지 말아야 한다고 하였습니다.

③ 기회를 놓치지 마라

송나라 때의 대 학자인 주자가 기회를 놓치지 말기를 경계하며 이렇게 말했습니다.

오늘 배우지 않고 내일이 있다고 말하지 말며
금년에 배우지 않고 내년이 있다고 말하지 마라
해와 달은 가고 세월은 나를 기다려 주지 않는다
아! 늙었구나, 이 누구의 허물인가

　하늘은 냉정하고 공평해서 우리 모두에게 두 번의 기회를 주지 않습니다. 그래서 모두에게 2013년 1월 1일은 두 번 다시 오지 않으며 하루의 아침은 두 번 있지 않습니다. 일 년의 봄은 두 번 오지 않으며 내 청춘 또한 두 번 오지 않습니다. 일생에 단 한 번 오는 기회를 게으름이나 다른 어떤 핑계로도 절대로 놓치지 말고 잘 잡아서 활용해야 합니다. 하늘은 단 한 번 주는 기회에 단 한 번의 실수나 게으름도 허락하지 않습니다. 그러므로 내 경험과 지식과 지혜로만이 아닌 타인의 경험이나 가르침, 조언을 잘 듣고, 실패하여 기회를 놓치는 일이 없도록 해야 합니다.

　새벽에 일어나 하루의 계획을 세워서 그날을 잘 보람 있게 보내고, 유년시절은 유년시절에 할 일을 성실히 배우고, 청년시절에는 청년시절에 할 일을 열심히 배워서 훗날 나이 들어 배우지 못한 것을 후회하는 일이 없도록 해야 할 것입니다. 옛 성현 도연명이 지은 권학시는 지금도 우리 모두에게 귀감이 되고 있습니다.

젊은 시절은 두 번 다시 오지 아니하고,	盛年不重來
하루는 새벽이 두 번 되지 않으니	一日難再晨
마땅히 때가 되면 힘써 일하고 노력하라	及時當勉勵
세월은 사람을 기다려 주지 않는다	歲月不待人

시간은 돈이라고 하지만 돈보다도 더 값비싼 어느 것으로도 살 수 없는 귀한 것입니다. 작은 시간도 헛되이 소비하지 않고 보람 있게 사용해야 할 것입니다.

④ 하늘에 순종하는 자 살고, 하늘을 거역하는 자 망한다

순천자(順天者)란 인간으로서 도리를 지키고 성실하게 사는 사람은 하늘의 명을 따르는 것이요, 역천자(逆天者)자란 하늘의 순리에 어긋나고 인간의 도리를 지키지 않고 나쁜 짓으로 천륜이나 인륜에 어긋나면서 살아가는 사람을 말합니다. 인간의 도리를 지키며 선하게 사는 사람은 하늘의 복을 받고 악한 일을 거리낌 없이 하는 사람은 하늘이 벌하여 망하게 합니다. 또 그런 사람들은 하늘의 심판이 있기 전에 벌써 나라의 법이 심판하여 혹독한 처벌을 받을 것입니다.

범죄(犯罪)의 犯(죄지을 범) 자를 풀어보면, 죄를 지은 사람을 무릎 꿇리어(㔾: 병부 절) 개처럼(犭: 개 견) 취급한다는 뜻이며, 罪(허물 죄, 죄지을 죄)는 죄를 지어 법망(罒: 그물 망)에 걸리면 인간적이 아닌(非: 아닐 비) 모진 처벌을 받는다는 뜻으로 풀이된다고 봅니다.

.*.
** 사람이라면 사람다운 처신을 하라는 가르침입니다. 사람답지
못한 짓을 한다면 하늘과 나라의 법과 주변 사람들이 방관하지 않고
처벌할 것입니다. 사람다운 처신을 하려면 모든 유혹을 참아야합니다.
참자, 참자, 나쁜 유혹에 참자, 하고 거듭 마음속으로 다짐하십시오.
그러면 유혹에서 벗어날 수 있을 것입니다. 각자 어떻게 하는 것이
순천명(順天命)하는 것인가를 묵상해 보십시오.

Ⅲ. 성취편(成就編)

성공하기 위해 갖추어야 할 마음가짐

성공은 좋고 아름다운 것입니다.

살아가면서 목표를 세우고 많은 시간을 들여 노력한 결과 바라던 일을 성취 했을 때 얼마나 가슴 벅찬 기쁨이겠습니까? 이를 성취하기 위해서 많은 노력과 거듭된 실패에도 포기하지 않고 마음 졸이며 끈기와 오기와 열기로 고생하며 이룬 성공이기에 더욱 값진 것입니다. 성공은 처음부터 큰 성공을 바라지 마십시오. 큰 성공은 작은 성공에서부터 시작되는 것입니다. 작은 성공을 자꾸 쌓으면 성공의 보람과 나 자신에 대한 믿음이 생겨 큰일도 능히 도전하고 싶은 마음이 생기며 또 해내게 되는 것입니다. 처음부터 나는 못 한다고 체념하지 말고 작은 일부터라도 도전하십시오. 꼭 이룰 것입니다.

1. 성실하고 겸손하며 근검하라

'주어지는 모든 일에 성실하고 너의 정성을 다하라. 부지런하고 겸손하며 좀 있다고 낭비하지 말고, 일시적이라도 호기심이나 또는 욕심에서 절대로 도박하지 말라.'

이 말은 평소에는 누구나 다 알고 모든 사람들이 흔히 남에게 조언이나 충고로 가르쳐주는 말이지만 작은 성공을 얻거나 조금 여유가 생기면 아주 잃어버리는 말입니다. 지금도 성공한 기업인들이나 각 분야에서 성공한 사람들이 호기심에 도박이나 마약에 빠져 하루아침에 알거지가 되거나 파멸되었다는 이야기가 계속 전해지고 있으니 정말 경계하고 또 경계할 일입니다. 한번 실패하고 나면 다시 회복하기는 하늘의 별 따기만큼이나 힘든 것을 알고 이룬 성공을 잘 지켜야 됩니다.

① 만일 내게 100억 원이 생긴다면

만일 내게 100억 원이 생긴다면 어떻게 사용할 것이냐고 여러 사람들에게 질문을 해보았는데 다양한 대답이 나왔습니다. 물론 실제 100억 원이 생긴다면 사람들이 말한 대로 사용할지는 모르겠지만, 어떤 이는 사용할 만큼 남겨놓고 자선단체에 기탁하겠다하고, 어떤 이는 여행하면서 여가를 즐기면서 실컷 써 보겠다하고, 또 어떤 이는 이민 가서 살겠다하는 등 다양했습니다. 그런대로 다 좋은 생각입니다. 그들의 말이 틀린 것은 아닙니다. 적어도 그 사람들에게는 그렇게 하고 싶은 생각이 잠재되어 있기 때문에 그런 대답이 나오는 것이라 생각합니다.

그런데 만일 나에게 그런 큰돈이 생긴다면 마르지 않는 샘으로 기업을 창업하여 경영하면서 거기서 얻은 수익으로 자선사업도 하고, 여행도 다니고, 기타 하고 싶은 일을 할 것입니다.

물론 그런 돈이 생길지도 만무하고 허망한 꿈에 불과하겠지만 돈이란 크든 작든 함부로 쓰지 말고 아껴 써야함을 말하기 위함입니다.

돈이란 써야 할 곳에는 반드시 써야 하지만 조금만 참으면 쓰지 않아도 되는 일, 충동구매나, 일회용 물건과 같이 편리성을 배격하여 일시적인 불편을 감수하고 돈을 쓰는 것을 피하며, 돈을 아끼고 저축하여 꼭 써야 할 자리가 생기면 멋있게 써야할 것입니다.

누군가는 돈을 혈맥(血脈)이라 하였고, 누군가는 돈이 없으면 현대판 노예가 된다고 하였습니다. 많은 유산을 상속 받고서도 돈이나 생활에 대한 확실한 철학이나 개념 없어 탕진하는 등 관리를 잘 못하여 당대에 거지가 되거나 타락하여 폐인이 된 경우를 예전에도 또 현대에도 많이 보아 왔습니다.

돈과 도덕은 인간의 삶을 윤택하고 사람을 사람답게 하는 두 축입니다. 어느 것 하나 소홀히 할 수 없는 것이며 돈을 관리하는 데도 실수가 있어서는 안 될 일입니다. 빚이 많아지면 아끼던 모든 것들을 헐값으로 잃어버리고, 자포자기하거나 될 대로 되라는 식으로 도덕적으로도 타락하게도 됩니다. '빚을 지지도 말 것이며 주지도 마라.' 이는 예부터 내려오는 아주 귀중한 가르침입니다.

② 작은 일에 충실한 사람은 큰일도 충실히 잘합니다

임진왜란을 일으켜 우리 민족에게 철천지 원한을 주고, 자신도 과도한 욕심으로 결국에는 천수를 다하지 못하고 죽은 일본의 도요토미 히데요시는 천한 신분 출신으로 하급무사였습니다. 그의 쓸데없고 터무니없는 그릇된 욕심은 우리에게뿐 아니라 일본 국민에게도 엄청난 고통을 준 장본인이었지만 그에게는 나름의 철칙이 있었습니다.

오다 노부나가라는 무사의 종으로 들어가서 종살이를 할 때의 일입니다. 추운 겨울 오다 노부나가가 방에서 밖으로 나와 신을 신으려고 신을 찾으니 도요토미 히데요시가 자기 품에서 신을 꺼내어 내려놓았습니다. 오다 노부나가가 괴이하게 여겨 물어보니, 신을 신을 때 발 시리지 말고 따뜻하라고 품속에 품고 있었다고 대답하였습니다.

그는 아침마다 자기 품에서 신발을 데워 주군이 신기 좋게 만들어 주었습니다. 기특하게 여긴 오다 노부나가는 성질이 고약했다고 하는데도 불구하고 그를 사무라이로 승격시켜 주었습니다. 그는 맡은 일을 더욱 충실히 수행해 점차 중용되었고, 훗날 아케치 미쓰히데의 모반으로 혼노지에서 죽은 오다 노부나가의 원수를 갚고 실권을 장악하여 일본을 통일하였다고 합니다. 우리에게 큰 상처를 준 사람을 예로 든 것이 부적절하다고 생각하지만 그래도 우리는 배울 점이 있을 때는 누구를 막론하고 그의 장점을 받아들여 본받는 것이 좋은 일이 아닐까 해서 적어 보았습니다.

우리나라의 재벌 중 한 사람은 어렸을 때 생활이 무척 어려워 매일 아침에 우유와 신문을 배달하며 학비를 벌었다고 합니다. 아무리 궂은날이라 해도, 자기가 아파도 그 시간에 기다리고 있을 고객을 위해 하루도 빠지지 않고 늘 같은 시각에 배달하는 것을 보고 어떤 큰 부자가 기특하게 여기고 도와주어 사업을 크게 성공시켰다는 실화가 있습니다.

작은 직책이라도 무시하지 않고 그 상황에서 정성을 다하는 충실한 사람은 큰일을 맡기더라도 훌륭히 해낼 수 있다는 이야기입니다. 작은 일에 충실한 사람은 능히 큰일도 잘할 수 있지만 작은 일에 충실하지 못한 사람은 큰일에도 성공할 수 없다는 교훈입니다.

③ 자신의 성공전략을 세워라

생활이나 사업을 하다보면 친척집 또는 사업상 상대방의 집이나 사무실을 찾아가는 경우가 생깁니다. 이때 반드시 방문해도 괜찮다는 확인을 하고 난 후에 방문합니다. 방문이 하락되면 맨손으로 가지 말고 작지만 정성이 담긴 조그만 선물을 준비해가면 상대편도 기분 좋고 또 그것이 예의입니다.

전혀 모르는 사람이 사무실을 방문해서 맹숭맹숭하게 내 부탁만 말할 때 상대방의 생각은 어떨지 헤아려 보십시오. 반대로 작지만 정성이 담긴 선물을 내놓으면서 '처음 오는 길이라 변변치 않은 작은 것 하나 준비해 왔습니다. 별것도 아닌데 취향에 맞으실는지 모르겠습니다. 받아주시면 고맙겠습니다.' 라고 말하면 얼마나 정감이 갈까요?

과거 의약분업이 있기 전 약국에는 제약회사 직원들이 영업을 하기 위해서 오곤 했습니다. 영업사원들 중 한 부류는 명함을 주고 인사하고 뭐 필요하신 것 없습니까? 하고 물어오면 우리는 이미 같은 성분의 다른 제약회사의 약품을 사용하고 있기 때문에 아직 남아 있다고 말하면 알았습니다, 하고 그냥 돌아가는 사원 이 있는 가하면, 또 다른 부류의 사원은 거래 부탁 없이 인사차 들렀다면서 수시로 찾아와 유익한 정보나 우스운 이야기로 정감을 쌓다가, 안면이 익숙해질 때쯤 혹시 뭐 필요하신 것 없으십니까? 하고 거래를 부탁합니다. 그러면 다른 데 이미 거래가 있어도 그쪽으로 일부 떼어 주기도 하고, 쓰던 약품이 떨어질 무렵이면 사원이 부탁하기 전에 먼저 주문을 하기도 하였습니다. 이와 같이 인간관계는 정으로 이어지는 것입니다.

내가 읽은 어느 자서전에는 이런 이야기도 있습니다.

처음에 말단사원으로 들어가 지금은 제약업계의 아주 큰 거목이 된 분의 실제 이야기입니다. 제약회사에 입사하여 약국에 자기 회사의 제품을 소개하고 판매하려고 약국에 들렀을 때 각 약국들은 이미 쓰고 있는 같은 성분의 약들이 있기 때문에 냉담한 반응들이었습니다. 그래서 생각한 이 분은 각 약국에 가서 아무 말도 없이 약국의 유리를 말끔히 청소하고 그냥 돌아갔습니다. 이러기를 며칠 만에 한 번씩 들러 계속하니 처음에는 저 사람 돈 것 아닌가 하고 의심하던 사람들이 꾸준히 성심을 다해 유리 청소를 하고 그렇다고 아무 요구나 부탁도 않는 것을 보고 조금씩 마음의 문을 열고 나중에는 주문을 해주기 시작하더니 불과 6개월도 안 되어 회사에서 최고의 매출을 올렸다고 합니다. 물론 그 뒤로도 성실히 계속 유리 청소를 하였답니다. 지금은 제약업계의 거목이 되어 우리도 거래를 하고 있으며 여전히 특별한 관심으로 거래처의 이익을 위해서 각별한 신경을 써주는 분입니다.

정직과 성실과 친절과 봉사의 정신을 바탕으로 나의 사업성공의 전략을 짜 보세요. 꼭 성공할 것입니다.

④ 너의 직분에 충실하라

옛날 어느 즐거운 명절날이었습니다. 그날 주인은 하인들을 불러 모아놓고, 오늘 너희들은 새끼줄을 꼴 수 있는 한 최대로 가늘고 튼튼하게 꼬아라 하고는 외출을 했습니다.

하인들은 명절날에 놀려주기는커녕 일을 시킨 것에 불만을 품고 아무렇게나 새끼줄을 꼬았습니다. 그런데 그 중 평소에도 착실한 한 하인은 아무 말 없이 주인이 시키는 대로 최대한 가늘고 튼튼한 새끼줄을 하루 종일 꼬았습니다. 저녁에 주인이 돌아와서 다시 하인들을 모아놓고 각자가 꼰 새끼줄을 가져오도록 하고는 엽전이 가득한 광으로 데려가서 각자가 만든 새끼줄에 엽전을 꿸 수 있는 대로 꿰어 가지고 나오라고 하였습니다. 다른 하인들은 엽전 하나도 꿰지 못하였으나 착실한 그 하인은 자기가 만든 새끼줄에 엽전을 잔뜩 꿰어 가지고 나오니, 주인은 그 하인의 노비문서를 불살라주고 그 돈을 가지고 가서 잘 살라고 하였답니다.

물론 이런 일이 정말 있었는지는 알 수 없는 옛날이야기입니다. 그러나 요즘도 이런 예는 얼마든지 있지 않습니까? 훌륭한 운동선수는 비가 오나, 눈이 오나 날씨에 구애 없이 피눈물 나는 훈련을 하기에 훌륭한 기량을 갖게 되는 것이며, 열심히 공부하는 사람은 더위도 추위도 또 명절도 슬픈 일이 있어도 오로지 공부만 열심히 하기에 남보다 더 잘하는 것입니다. 덥다고, 춥다고 또는 다른 핑계로 미루다 보면 점점 뒤떨어진다는 것을 깨달아야 합니다.

공부를 하는 사람이건, 운동을 하는 사람이건, 직장에 근무하는 사람이건, 남보다 잘하기 위해서는 남보다 몇 십 배의 노력이 필요한 것입니다. 옛말에 비단장수는 방석이 식어서는 돈을 벌지 못한다는 말이 있듯이 항시 자기의 위치를 지키면서 자기의 직분에 충실할 때 원하는 것을 이룰 것이고 작은 일에 충실한 사람이 후일 큰일에도 충실할 것으로 믿습니다.

남의 눈치를 보거나 의식하지 않고 자기의 맡은 바 직분에 충실한 사람은 주머니속의 송곳같이 자연히 여러 사람의 눈에 띄어 그의 역량을 충분히 발휘할 수 있는 기회가 올 것입니다.

뚜렷한 명분이나 목적의식이 없는 일은 하지 말고, 더구나 주관 없이 남에게 휩쓸려서 자신의 본분을 망각하고 행동을 말 것이며, 또 정당한 이유가 있으면 투쟁보다는 대화로서 좋은 점을 찾아가면서 해결하도록 하십시오. 나의 경쟁자는 오늘도 열심히 자기의 직분에 충실하면서 열심히 실력을 쌓아가고 있음을 늘 잊지 말아주기 바랍니다.

 ** 성공한 사람들을 보고 나도 성공하기 위해서는 어떻게 해야 할까를 생각해봅시다. 내가 하는 일에 최선을 다하고 있나, 정성을 다하여 상대방을 감동시키고 있나를 반성해 봅니다.

2. 노력하고 인내하며 포기하지 마라

원하는 것을 성취하기 위해서는 일단 목표를 정하고 계획과 준비를 철저히 하여 꼭 이루겠다는 의지와 끈기로 성취할 때까지 노력해야 합니다. 원하는 것이 순탄하게 이루어지지는 않을 것입니다. 몇 번을 실패해도 포기하지 않고 꼭 이루겠다고 노력하면 성공을 얻을 것입니다. 그리고 노력해 얻은 성공은 여러분의 성공을 도와준 주위 사람들과 같이 누릴 수 있도록 그 혜택과 공을 베풀어야 합니다.

① 성공은 자기와의 피나는 싸움으로 이루어진다

성공은 힘들게 이루어지는 것이기 때문에 아름답고 값지고 훌륭한 것입니다.

'人無遠慮(인무원려)면 難成大業(난성대업)'

'사람이 멀리 보고 계획을 세우지 않으면 큰일은 쉽게 이루어지지 않는다.'

안중근 의사가 우리나라를 강탈한 원흉 일본의 이토 히로부미를 쏘아 죽이고 일본 경찰에 체포되어 그 추운 만주 여순 감옥에서 고생하면서도 우리 후세들에게 가르침을 주기 위해 쓴 유명한 말입니다.

성공은 오랜 시간 계획하고 준비를 거쳐 설계에 따라 차근차근 진행할 때 이루어지는 것입니다. 큰일을 하려면 먼저 목표를 정하고, 구체적인 계획을 세워서 철저히 준비하여 노력해야 합니다. 큰일은 단기간의 노력으로 이루어지는 것이 아닙니다.

대학을 진학하는 경우도 어느 대학, 어느 과를 선택할 것인지 미리 목표를 정하고 그 목표에 맞는 정보를 수집하여 준비를 철저히 하면 반드시 성공할 것입니다. 성공을 방해하는 나의 큰 적은 밖에 있는 것이 아니고, 즉 나보다 공부 잘하는 동급생들이 아니고 바로 나 자신 안에 있습니다. 나의 성공을 방해하려는 내 본능의 모든 유혹을 뿌리쳐야 합니다. 남 놀러갈 때 나는 공부하고, 남 잠잘 때 공부하며 나 자신과의 싸움에서 이길 때 내가 진학하고자 하는 곳에 진학할 수 있을 것입니다. 내가 하고 싶은 것 다 하고, 자고 싶을 때 다 자고 놀고 싶을 때 놀면서는 목표를 이룰 수 없습니다.

성공을 위한 과정은 몹시 어렵습니다. 그러나 성공하면 여러분 평생을 두고 정말로, 정말로 좋습니다. 성공하면 두고두고 자랑이며 여러분의 삶의 질이 확 바뀌게 됩니다. 미래에 나는 어떤 일을 할까 목표를 세워서 꾸준히 준비를 하여 각자 계획한 큰일을 이루기 바랍니다.

10년 후의 일을 계획하려면 3개년 계획을 세우고, 3년 계획을 다시 1년 계획으로 세분하고 또 그 1년 계획을 1 개월 계획으로 세분하여 그때마다 점검하고 보충하면서 작은 성취감을 느끼면서 노력하면 원하는 이상을 이룰 것이지만, 아무런 계획 없이 임기응변식으로 지내면 10년 전이나 10년 후나 달라질 게 없는 생활일 것입니다. 변한 것이라고는 나이를 먹어 몸만 늙어가는 것입니다.

올림픽에서 금메달을 딴 선수의 감명적인 이야기를 읽어 본 적이 있습니다. 이 선수는 매일 운동이 끝나면 곧 바로 절에 가서 꼭 금메달을 따게 해달라고 기도를 드렸다는 것입니다. 물론 부처님이나 하느님이 소원을 빈다고 들어 주는 것은 아니겠지만 그만큼 이 선수는 성공에 대한 즉 금메달 따는 데 집념이 강했기 때문에 강한 훈련을 소화해내고 그 결과 금메달을 목에 걸 수 있었습니다. 성공하기 위해서는 첫째로 꼭 성공하겠다는 집념이 있어야하고, 둘째로는 성공을 위한 열기로 강한 훈련과, 셋째로는 끈기와 오기로 어떤 장애물에도 굴복하지 않고 노력할 때 이룰 것입니다.

② 절대 포기하지 마라

반드시 길이 있다.

살아가다보면 도저히 넘을 수 없는 일에 부딪히는 경우를 접할 수도 있을 것입니다. 그러나 꼭 이루어야 할 일이라면 포기하지 말고 모든 지혜와 최선의 노력을 다해 보아야 합니다. 일이 완전히 끝날 때까지는 절대 포기하지 말고 최선을 다하면 하늘과 땅이 감동하고 조상님도 감동하여 일이 성사될 수 있도록 해 줄 것입니다.

내가 직접 체험했던 경험을 이야기하는 것이 다른 예보다 확실하게, 가슴에 실감나게 느낄 것 같아서 이야기해 보겠습니다.

▌나의 복학 이야기

내가 군 생활을 마치기 전에 겪었던 일입니다.

나는 1972년 5월 16일 군복무를 마치게 되어있고, 대학에 복학하려면 수업일 수 부족으로 복학할 수 없는 상황이었습니다. 그래서 1971년 부대에서 휴가를 가라고 하는 것을 부대장님께 금년에는 휴가를 반납하고 내년 제대하기 전 복학할 때 수업일 수를 채우기 위해 반납한 휴가를 쓸 수 있도록 해 달라고 부탁을 하였더니 흔쾌히 허락하여 그 해에는 휴가를 받지 않았습니다.

그런데 1972년 초 부대장님이 다른 곳으로 전근 가고 새로운 부대장님이 오셨는데, 전 부대장님께서 새로 오는 부대장님께 나의 일을 잊지 않으시고 부탁하고 전근을 갔습니다. 그때 그 부대장님이 얼마나 고마웠는지 지금도 잊을 수가 없습니다.

나는 반납했던 휴가를 1972년 3월 초에 명을 받고 나와서 복학하려고 학교에 찾아가 확인해보니 전역일자가 아직도 많이 남아 있어서 수업일 수 부족으로 복학할 수 없다고 거절당했습니다.

나는 왜 안 됩니까? 등록만 시켜 주면 부대에서도 휴가를 연장해 주어 수업일 수에 지장이 없도록 해주겠다는 약속을 받아냈다고 설명을 해도 막무가내였습니다. 나는 학교에 등록하려고 휴가도 반납하지 않았던가. 나는 매일 학교에 찾아가서 달라진 것이 없는지 알아보았고, 한편으로는 국방부, 문교부, 지역의 국회의원까지 직접 찾아가 부탁을 하였지만 만족할 만한 답을 듣지 못했습니다. 마지막으로 청와대에 있는 민원의 소리에 나의 사정을 올리게 되었습니다. 내용은 '나는 국방의 의무를 충실히 수행했습니다. 그런데 복학을 신청하려는데 남아 있는 전역일 수 며칠 때문에 복학을 허락하지 않습니다. 전역일 수 며칠 때문에 나는 1년을 그냥 쉬어야 하는데 이는 개인에게는 아주 큰 손실일 뿐만 아니라 국가적으로도 손실일 것입니다. 작은 개인이지만 국가의 융통성 없는 결정으로 큰 손실을 보고 억울하지 않도록 선처해 주십시오' 라는 내용이었습니다.

그러고도 학교에 자주 찾아가서 혹시라도 내 청원이 인정되어 복학시켜주라는 지시가 오지 않았나, 아니면 어떤 변동사항이 있어 복학의 길이 트이지 않았나 확인해보려고 매일 찾아가 보았습니다. 그러기를 거의 한 달 휴가를 다 내보고 귀대일이 며칠 남지 않았고 복학등록일도 그날이 마지막이라 나는 다시 학교에 찾아갔습니다. 그날이 마지막 등록일이라서 대학 본부에서 안 받아주어도 좋으니 등록서류를 해달라고 학무과장님께 부탁드렸더니 내 끈질긴 집념에 귀찮아서인지 신청이나 해보라면서 서류를 만들어 주었습니다. 나는 과장님께 감사의 인사를 드리고 급히 본부에 가서 등록서류를 접수하고 그 자리에서 처리과정을 지켜보았습니다.

잠시 후 서류를 받은 직원이 먼저 접수한 서류들과 같이 다른 윗분에게 드리니 그분은 하나하나 검토하다가 서류 하나를 다른 곳으로 치우는 것이 아닌가! 나는 직감적으로 내 서류임을 짐작하고 그분 앞에 가서 '그 서류는 저의 것입니다. 나는 다른 일도 아닌 국방의무 3년을 마치고 불과 며칠 때문에 복학을 못 하게 되면 1년이란 시간을 헛되게 허송해야 하는데 내게는 엄청난 손해입니다. 등록만 시켜주면 부대에서도 휴가를 내주어 공부하는 데 지장이 없도록 해주겠다는 약속을 받았습니다. 나는 개인 일이 아닌 국가의 부름으로 군 임무에 충실했습니다. 이번에는 국가에서 저에게 선처를 베풀어 내가 학업에 열중할 수 있도록 도와주십시오' 라고 간곡하게 말씀드렸습니다. 그랬더니 그분께서 내 서류만을 들고 최종 결재자에게 다녀오더니 서류심사가 잘 통과되었으니 등록하라고 말씀하셨습니다.

정말 꿈만 같았습니다. 등록증을 받아 들고 귀대해 미루었던 휴가를 다시 받아 수업일 수 부족 없이 열심히 공부할 수가 있었습니다. 복학해 공부하는 중에 본부 학적과에서 들어오라는 연락을 받고 가보니 청와대 영부인께서 그 학생 복학하여 공부할 수 있게 해 주라는 지시를 하였는데, 지금 복학하여 공부를 하고 있는지 확인하라는 지시가 있어서 직접 확인하려고 부른 것이라고 하였습니다.

비록 늦었지만 보잘것없는 나의 청원에도 묵살하거나 무시하지 않은 대통령과 영부인께 감사의 마음을 적어 올렸습니다. 그리고 그 당시 나보다도 훨씬 먼저 전역하면서도 애써 뛰지 않은 나의 동기 중 여러 명이 1년 후인 그 다음 해에 복학했다는 사실을 알게 되었습니다.

하늘은 스스로 돕는 자를 돕는다는 격언처럼 여러분은 절대로 포기하지 말고 노력하면 원하는 바를 반드시 이룰 것입니다. '두드려라, 그리하면 열어 줄 것이다' 라는 성경말씀이 더욱 새삼스럽게 느껴지는 깨달음을 받았습니다.

③ 구하라 주실 것이며 두드려라 열릴 것이다

바로 앞에 이야기와 이어지는 성경에 나오는 씀입니다.

다음 이야기는 내가 오래 전에 들어서 어렴풋이 기억하고 있는 이야기로 쉽게 포기하지 말라는 것을 강조하고자 하는 이야기입니다. 이야기의 진위는 불문하고라도 포기하지 않고 노력하면 이루어진다는 것을 다시 한 번 강조하고 싶은 생각에서입니다.

40여 년 전 어느 아주머니가 행정적인 착오로 부당하게 막대한 재산상의 손해를 보게 되었습니다. 아주머니는 관청에 찾아가서 처리 과정의 부당성을 지적하며 복구해 줄 것을 아무리 요구하여도 해당 기관의 전혀 개선 없는 태도는 요지부동이었습니다.

하다 못한 아주머니는 그날부터 매일 그 기관에 출근하여 직원들이 다 보이는 곳에 앉아 그 서류들을 하루 종일 꺼내어 보다가 넣었다 또 꺼내어 보았다 하기를 반복하다가 직원들이 퇴근할 때 같이 퇴근하여 집에 돌아오기를 몇 개월간을 계속했습니다. 그러자 이를 보고 안쓰럽게 생각한 한 직원이 아주머니를 조용한 곳으로 불러 해결할 수 있는 방법을 자세하게 알려주었습니다. 아주머니는 그 직원의 가르침대로 하여 보상을 받고 해결하였습니다.

자신이 하는 일이 정당하다면 행패를 부리거나 떼를 쓰지 말고, 그리고 끝까지 포기하지 말고 노력하면 꼭 이루어질 것입니다.

성경말씀에서 "찾으라 그러면 구할 것이오, 구하라 그러면 주실 것이며, 두드려라 그러면 열릴 것이다."라고 하신 말씀은 영원불변의 가르침입니다.

진정 원하는가, 진정 원한다면 끝까지 포기하지 말고 자신의 모든 노력과 정성을 다해 찾고, 구하고, 두드리면 얻고자 하는 바를 꼭 얻을 것입니다.

④ **확실한 계획을 세워 꾸준히 열심히 노력하라**

5년 후, 10년 후, 20년 후에 나의 모습을 그려보는 것은 어떨까요.
5년 후, 10년 후, 20년 후에 나의 모습을 그려보고 목표를 세우십시오.
그 목표를 달성하려면 그에 대한 세부계획을 세워서 꾸준히 노력하십시
오. 아무 계획 없이 지내 다 보면 5년 후, 10년 후, 20년 후의 나의
모습은 큰 변화 없이 비슷하게 지내고 다만 변하는 것은 나이만 먹어
더 늙어가는 것일 뿐입니다. 현재의 지루한 삶에서 벗어나 성공한
새로운 삶을 원한다면 목표를 세우고 구체적이고 세부적인 계획을
세워서 노력해야 합니다.

나는 젊었을 때 구체적인 계획을 세우지 않은 것을 두고두고 후회스
럽게 생각합니다. 내가 대학교 4학년 2학기 때 지도교수님께서 공무원
특채가 있으니 원한다면 추천해주겠다고 말씀했을 때 정중히 사양했습
니다. 나의 꿈은 약국을 하여 돈을 벌면 제약회사를 설립할 생각을
갖고 2학기 때부터 약국에 실습을 나갔습니다. 졸업하고 약국 실습을
마치고 포항에서 약국을 개업했는데 그런대로 잘 되었습니다. 지금
생각하면 그때가 나의 꿈을 실현 할 수 있는 기회였는데 좀 더 구체적이
고 세부적인 계획을 세우지 않아 꿈을 실현하지 못한 것이 아쉽기만
합니다. 구체적인 계획은 없이 생각만 했던 점을 생각하면 정말로
후회스럽고 나 자신이 원망스러울 뿐입니다.

성공하고 싶으면 나 혼자의 생각으로만 하지 말고 그 분야에
많은 경험과 지식이 있는 분의 조언을 받아 멀리 보고 세부

계획을 세워서 노력하면, 그리고 어려움이 있더라도 이룰 때까지 중단하지 말고 노력하면 꼭 이루어질 것입니다.

▌공자삼계도(孔子三計圖)

일생의 계획은 어릴 때에 있고,(一生之計 在於幼)
일 년의 계획은 봄에 있고,(一年之計 在於春)
하루의 계획은 새벽에 있다.(一日之計 在於寅)
어려서 배우지 않으면 늙어 아는 것이 없고,(幼而不學 老無所知)
봄에 밭 갈지 않으면 가을에 바랄 것이 없으며,(春若不耕 秋無所望)
새벽에 일어나지 않으면 그날에 하는 일이 없다.(寅若不起 日無所辦)

이것을 풀어쓰면 다음과 같습니다.

일 년의 계획은 봄에 세워야 하고, 하루의 계획은 아침에 세워야 합니다. 봄에 논밭을 갈지 않으면 가을에 거둘 곡식이 없고, 아침에 일찍 일어나서 서두르지 않으면 그날 할 일을 못합니다. 다시 말해 어릴 때부터 배움에 뜻을 두고 부지런히 익혀야 한다는 뜻입니다.

⑤ 인생은 역전 마라톤

한두 번의 실패로 좌절하지 마세요.

살다보면 여러 가지 일을 겪게 됩니다. 때로는 계획에 의해서, 때로는 계획하지 않은 일에 의해서 피할 수없이 넘어가야 할 큰 고비가 우리 앞을 가로 막고 나타나기도 합니다. 여기에는 심각한 경쟁도 따릅니다.

어떤 때는 장애물을 매끄럽게 해결하고, 어떤 때는 힘들게 극복하는 경우도 있겠고, 어떤 때는 아무리 노력해도 극복하지 못하고 실패로 돌아가는 경우도 생깁니다. 인생살이가 어찌 보면 역전 마라톤과 같다는 생각을 해봅니다. 어느 구간에서는 잘못 뛰다가도 다음 구간에서는 잘 뛸 수 있는 것같이 살아가면서 한두 번 실패했다고 능력 없고, 가망 없는 놈이라고 포기하지 말고 다시 마음을 가다듬어 다음 기회를 철저히 준비하면 크게, 그리고 빨리 성공할 수 있을 것입니다.

실패에 대한 철저한 검증과 분석으로 세밀하게 계획을 세워서 재도전하거나, 새로운 일을 추진하면서 무조건 덤벼들지 말고 확실한 작전과 계획으로 도전한다면 꼭 성공할 것입니다. 성공이란 쉽게 얻을 수 없으며, 성공하려고 끝없이 도전하는 자만이 누릴 수 있는 특권입니다.

학교 다닐 때 성적에서 크게 두각을 나타내지 않던 학생이 훗날 사업에 크게 성공하는 사례는 허다하게 많습니다. 성공한 사람들의 과거를 보면 여러 번의 실패로 바닥까지 떨어졌지만 포기하지 않고 재도전하길 수없이 하여 기회를 잡아 성공한 경우를 많이 봅니다.

재도전할 때 다급한 나머지 편법이나, 부정한 방법을 사용하여 그 분야에서 영원히 퇴출되지 않도록 각별히 유의하면서 노력하면 희망의 여신은 여러분을 버리지 않을 것입니다.

지금 성공가도를 달리고 있다고 자만하지 말고 겸손하고 검소한 마음으로 다음을 준비하며, 터무니없는 과욕을 부리지 마세요. 큰 회사들이 도산하는 이유는 현재에 안주하여 더 발전하지 못하고 시대의 요구에 맞추지 못하고 퇴출 되거나, 또는 과욕으로 분수에 넘치는 많은 투자를 하였기 때문에 그 부채를 감당하지 못하는 경우이니 사업을 할 때는 과욕을 부리지 말아야 할 것입니다. 그러나 발전을 위한 도전을 하지 말라는 것은 아닙니다. 새로운 일에 도전하는 사람만이 성공의 값진 열매를 딸 것입니다. 실패를 두려워 말고 도전하십시오.

6 참고 또 참아라

일시적인 분노를 참으면 백일의 근심걱정을 면할 수 있다고 했습니다. 참지 않으면 작은 일이 큰 일로 번져 큰 어려움을 겪을 수도 있습니다. 작은 일에 화를 내는 사람은 큰일을 하지 못합니다.

초한지에 나오는 한신 장군은 뜻을 펴지 못하고 시골에 묻혀 있을 때 주위의 깡패들이나 이웃 사람들의 야유와 조롱을 들으면서도 성내지 않고 더욱 내실을 다져 후에 명장이 되어 한고조를 도와 한나라를 세우는 데 일등공신이 되었습니다. 조선 말기 안동 김씨 세도정치하에서 불우한 청년기를 보낸 이하응은 집권하지 못하고 세월을 기다리며 떠돌던 재야시절, 벼슬아치들의 갖은 수모에도 성내지 않고 오히려 더 술주정뱅이 노릇이나 건달노릇을 하면서 은밀히 후일을 준비하여 결국 대원군이 되어 최고의 권력자가 되었습니다. 그러나 당시 이하응만큼이나 똑똑하였던 이하전은 안동 김씨들의 갖은 수모와 모욕을 왕족의 체면으로 받아들이지 못하고 일마다 대립하여 응수하다가 제거되었다는 것은 비단 정치에서뿐 아니라 모든 일에서 큰 가르침을 준다고 하겠습니다.

내 기분에 안 좋게 말했다고 해서 쌈닭같이 바로 성질을 내거나 충동적으로 덤벼들어 싸우다가 다치지 말고 오히려 고개를 숙이고 겸손하게 피하는 것이 진정 자존심을 지키는 것입니다. 대신 후일 그 수모를 극복하기 위해서 더 많은 노력을 해야 합니다. 훗날의 다짐과 이를 위한 노력도 하지 않으면서 피했다면 비굴한 것입니다.

'가벼이 성내지 마라. 성내는 사람이 지는 것이다.' 이 말을 꼭 명심하길 바랍니다.

7 메모지를 활용하라

그리스의 선박 왕 오나시스는 항상 메모지를 갖고 다니며 그때그때 떠오르는 아이디어를 메모지에 기록한 후 사업에 활용하였다고 합니다. 그는 부모로부터 물려받은 것은 별로 없었지만 메모지를 활용하는 습관을 길러 나중에는 당대 세계 최고의 선박 왕이 되었다고 합니다.

여러분도 메모지를 항상 휴대하고 다니면서 새로운 영감이 번쩍 스치듯이 떠오르는 기발한 아이디어를 적어 이를 사업에 활용하거나 작품을 만드는 데 활용해보십시오. 처음에는 작은 생각일지 몰라도 나중에는 구체화하여 엄청난 사업이나 작품이 될 수 있습니다.

8 성공을 위해서는 목표와 계획과 실천이 따라야 한다

예를 들어 그림 속의 집처럼 넓은 바다가 보이고, 바람도 잘 통하고, 햇볕이 잘 드는 바닷가로 뻗어 내린 산기슭에, 예쁘고 아늑한 우리의 집을 지으려고 합니다.

첫째로 해야 할 일은 먼저 설계를 해야 할 것입니다. 집에 방은 몇 개? 지붕은 어떤 모양? 창은 어느 쪽? 주방과 거실 등은? 하고 설계 사무실에 가서 내가 생각하는 이상적인 구도를 말해 줌으로써 아름다운 설계가 나올 수 있도록 면밀한 설계도를 꾸며야 할 것입니다.

아름다운 조감도를 보면서 "애들아 이곳이 앞으로 우리들이 살집이란다.""어떠하냐? 마음에 들어?""우~와 정말 멋져요. 언제쯤 이사들 어가요?""지금부터 부지런히 지으면 4~5개월 후쯤 끝날 거야.""아! 좋아라." 하면서 어린 자식들이 몹시 좋아합니다.

그러나 좋아하기는 이릅니다. 설계도에 따라 집을 지어서 완성되어야 그때 좋은 것이지, 설계도만으로 집이 지어진 게 아니기 때문입니다.

여러분이 성공을 원한다면 목표를 세우고 그 목표를 이루기 위해 집을 설계하듯이 면밀히 계획을 세우고, 그 계획에 맞추고, 그 목표가 달성될 때까지 꾸준히 노력하여야 합니다. 계획을 실천하지 않으면 집을 지으려고 설계도만 그려놓고 집을 짓지 않은 것과 다름없기 때문입니다. 그러나 다음과 같은 금언들을 마음에 개기고 매일 조금씩 꾸준히 능력에 맞게 계획을 실천한다면 조금 늦게 성공할지언정, 중간에 중단하지만 않는다면, 성공은 반드시 이루어질 것입니다.

'하다가 조금 어렵다고 중간에 절대 중단하지 않는다.'

'어려우면 조금 늦더라도 꾸준히 계속하면 반드시 이루어진다.'

'어려울 때는 나의 목표가 이루어졌을 때의 좋은 점들, 지금과 달라지는 상황들을 마음속으로 생각해 본다.'

내가 사는 집이 너무 낡고, 비좁고, 구식인데 비해, 내가 새로 설계한 집은 방도 넓고, 애들한테도 충분한 공간을 줄 수 있고, 시원한 거실이며 멋진 경관을 생각하면 빨리 짓고 싶은 욕망이 생길 것입니다.

다음은 조선시대 시인 김천택의 〈잘 가노라 닫지 말며〉입니다.

'잘 가노라 닫지 말며 못 가노라 쉬지 마라

부디 긋지 말고 촌음을 아껴 쓰라

가다가 중지곤 하면 아니 감만 못하니라'

이 시를 풀어쓰면 다음과 같습니다.

'잘 간다고 달리지 말고 못 간다고 쉬지 마라

부디 끊임없이 작은 시간도 아껴 써라

가다가 곧 그만두면 아니 간만 못하니라'

다시 말해 면학, 즉 공부에는 쉬임이 없어야 한다는 말입니다.

⑨ 노력은 천재를 꺾을 수 있다

십이지간의 설화에 대한 이야기는 잘 알려져 있는 이야기입니다.

옛날 아주 아득히 먼 옛날 하늘나라의 옥황상제께서 섣달 그믐날 이 세상의 모든 짐승들을 정월 초하룻날 하늘나라로 초대하고 1등부터 12등까지는 상이 있다고 하였습니다. 그 이야기를 들은 동물들은 다음 날 아침 출발해도 되겠지 하는 생각으로 일찍 잠자리에 들어갔습니다.

그런데 그 이야기를 들은 소는 자기는 걸음이 아주 느려서 지금부터 서둘러가야만 겨우 당도할 수 있을 거라 생각하고, 다른 동물들이 잠자리에 들어갈 때 길을 떠났습니다. 그런데 옆에서 지켜보고 있던 약삭빠른 쥐가 얼른 소의 뿔 사이에 숨어들었습니다. 소는 그것도 모르고 부지런히 걷고 걸어 마침내 정월 초하루 새벽하늘의 문이 막 열릴 때 연회장에 도착하였습니다. 소는 기쁜 마음으로 몇 걸음 안 남겨놓고 연회장을 들어서려는데 소 머리의 뿔 사이에 같이 타고 온 쥐가 펄쩍뛰어 내려 쪼르르 먼저 들어가서 쥐가 1등으로 도착하고 다음으로 소가 들어갔습니다.

조금 있으니 걸음이 아주 빠른 호랑이, 토끼, 용, 뱀, 말, 양, 원숭이, 닭, 개, 돼지 순으로 속속 도착하여 옥황상제께서는 약속대로 1등부터 12등까지 상을 내렸고 하늘나라의 직책을 주었습니다.

그런데 옛 어른들은 이 이야기를 통해서 우리에게 큰 가르침을 주고 있습니다. 즉 호랑이처럼 소걸음보다도 몇 십 배 빠른 재능을 가졌더라도 부지런하지 않으면 이길 수 없다는 가르침입니다. 우리는 이와 비슷한 이야기로 토끼와 거북이 경주 이야기도 잘 압니다.

그래서 재주는 노력을 이기지 못하고, 노력은 즐기면서 하는 것을 이기지 못한다고 하였습니다. 재주가 있으면 즐기면서 더욱 노력하면 최상이겠지요. 자만하지 말고 늘 겸손한 마음으로 모든 일마다 최선을 다해야 합니다.

⑩ 노력이 천재를 만든다

너무 감명 깊은 이야기가 있어 꼭 들려주고 싶어 적어봅니다.

조선 중기 때 김득신이란 사람이 있었습니다. 그는 임진왜란 때 진주대첩을 승리로 이끈 김시민 장군의 손자로 귀한 가문에 태어났지만 어려서 공부를 아무리 가르쳐도 금방 잊어버리고, 가르치면 또 잊어버려 가르치기를 포기하였고 주위에서도 그만두라는 권유를 하였습니다. 그러던 그가 뜻을 세우고 공부를 하기 시작하더니 백이전(백이와 숙제의 고사)이라는 책을 무려 11만3천 번이나 읽고 외웠다고 합니다. 뿐이겠습니까? 두루두루 모든 분야에까지 공부하여 도학이나 불교 등에도 폭넓은 지식을 쌓아 나중에는 문리가 트여 당시뿐 아니라 조선 전체를 통틀어서도 몇 손가락 안에 꼽히는 문장가로 한시는 물론 여러 가지 서적을 지어 명문장을 남겼습니다.

노력은 천재를 만드는 유일한 길이고 방법입니다. 우리는 조금 해보고 안 되면 쉽게 포기하며 머리가 나빠서 안 된다고 합니다. 또는 이 일은 도저히 안 되는 일이라고 단념해 버립니다. 그러나 우리가 알고 있는 모든 분야에서 위대했던 사람들의 성공이야기를 들어보면 모두가 엄청난 노력의 결과들이었습니다. 우리가 너무나도 잘 아는 발명왕 에디슨도 그렇고, 자동차왕 헨리포드도 그랬습니다. 우리나라에서도 신라시대 명필 김생은, 어려서 학교 선생님께 들은 바로는, 글씨 공부를 하는 데 논 두 마지기 물이 소요되었다고 했습니다. 누가 그것을 처음부터 측량 한 것은 아니지만 이것은 그만큼 엄청난 노력을 했다는 이야기이고, 또 한석봉의 이야기 역시 우리가 너무나 잘 아는 노력하면 된다는 교훈적 이야기가 아니겠습니까? 세종대왕도 한글을 만들기 위해 책을 너무 많이 보아 눈병이 났다고 합니다. 귀하고 높으신

임금님이 신하나 학자에게만 맡기지 않고 눈병이 나도록 직접 백성을 위해 연구하여 만들어진 한글은 세계 제일가는 글자가 되었습니다.

너무 공부하라는 이야기만 들어서 식상하겠지만 그래도 우리가 잘 살 수 있는 길은 공부와 노력이 아니고는 다른 길이 없기에 하는 말입니다. 사랑하는 여러분 뜻을 세워 이루어질 때까지 노력하십시오.

** 성공하기 위한 꼭 필요한 요소 마음가짐은 어떤 점이라 생각하는 가요?

3. 도전정신

'작은 성공에 만족하여 안주하지 말고 늘 새로운 일에 창의적으로 도전하라.' 안주나 만족은 곧 퇴보나 정체입니다.

① 안자의 말몰이꾼 이야기

안자는 춘추전국시대 때 제나라의 재상으로 작은 제나라를 주변 강대국 속에서도 부유한 나라로 만든 훌륭한 재상이었습니다. 그는 키가 작고 얼굴도 까무잡잡한 데다 볼품없이 못생겼으나 학식과 도량이 넓고 깊어 인품이 뛰어났습니다. 안으로는 훌륭한 정치를 하여 백성들을 편안하게 하고 밖으로는 뛰어난 외교로 주변의 힘 있는 나라들로부터 나라를 잘 지켜 그에 대한 재미있고 훌륭한 이야기가 많이 있습니다.

그에 대한 일화 중 하나가 그의 마부 이야기입니다. 마부는 크고 얼굴도 잘생겨 풍모가 위풍당당하였으나 안자의 말을 잡고 모는 말몰이꾼일 뿐이었습니다.

그런데 하루는 마부의 부인이 집에서 일을 하고 있는데 밖에서 왁자지껄하게 사람들의 소리가 나서 무슨 일인가 하고 나가보니 자기의 남편이 마치 자기가 안자 어른인양 거만한 태도로 거들먹거리면서 말의 고삐를 쥐고 말을 몰면서 안자 어른을 모시고 가고 있었습니다. 부인은 그 모습을 보고 몹시 화가 났습니다. 안자 어른은 키도 작고 얼굴도 못생겼지만 나라의 최고 정승으로 백성들의 존경을 한 몸에 받고 있는데 자기 남편은 허우대가 멀쩡한 것이 주인보다 더 잘생기기는 했지만 마부인 주제에 뭐가 그리 좋고 자랑스러운지 거들먹거리는 꼴이 부끄럽고 화가 치밀었습니다. 부인은 집을 나갈 모양으로 짐을 꾸려 남편이 돌아오기를 기다렸습니다.

남편이 들어오면서 쌓인 짐 꾸러미들을 이상히 여기고 부인에게 어쩐 일인가하고 물어보니 낮에 보았던 일을 이야기하는 것이었습니다. 안자 어른은 키도 작고 얼굴도 못 생겼지만 훌륭한 재상이 되어 온 백성의 추앙을 받고 있는데도 그렇게 겸손한데 당신은 그분의 마부인 주제에 무엇이 그리 자랑스러워 거들먹거리는지 내가 부끄러워서 더 이상 당신과 살 수 없으니 헤어지겠다고 하였습니다. 이 말에 불현듯 깨달은 마부는 그때부터 열심히 공부하여 승정대부가 되었다고 합니다. 지금 먹고 사는 데 별 지장이 없더라도 현실에 만족하지 않고 더 낳은 미래를 위해 목표를 정하고 노력하는 마음이 자기발전의 원동력이 될 수 있으나 현실에 만족하여 안주하는 사람은 더 이상 발전하지 못하고 퇴보할 것입니다.

② 지혜로운 융통성

만약에 사람은 50명인데 식량은 4~5인분 밖에 없다면 여러분은 어떻게 하겠습니까? 어떤 사람은 모두가 한 숟가락이라도 나누어 먹어 동고동락하겠다고 대답할 것이고, 어떤 사람은 먹으나마나한 것을 모두 굶기로 할 것이라는 등 여러 가지 대답이 나올 것입니다.

옛날부터 전해오는 이야기가 있습니다.

어느 아주 부자집에서 며느리를 고르는데 많은 규수들이 소개되었습니다. 그런데 이 부자는 소개 받는 규수에게 쌀 한 되를 주고 한 달을 살아보라고 하면서 그것을 통과해야 며느리로 삼겠다고 하였습니다. 그런데 서 너 끼도 안 되는 양식으로 어떻게 한 달을 버티겠습니까. 많은 규수들이 아끼고, 때로는 굶주리면서 지냈지만 결국 포기하고 말았습니다.

그러던 어느날 한 규수가 지원해 왔습니다. 그 부자는 똑같은 제안을 하면서 쌀 한 되를 주었습니다. 규수는 받은 쌀을 몽땅 밥을 하여 데리고 온 몸종과 함께 배부르게 먹고는 여종에게 말하기를 "너는 밖에 나가서 일감을 닥치는 대로 받아오너라. 빨랫감이든, 바느질감이든 상관 말고 무엇이든 가져오너라."하여 그 여종은 온 마을을 돌아다니면서 많은 일감을 받아와 일을 잘 마치고 돌려주니 일감을 주었던 주인들은 고맙다며 응분의 사례를 하였습니다.

규수는 그 돈으로 다시 양식을 사고 여종은 밖에 나가서 다시 일감을 얻어왔습니다. 어느새 한 달이 끝나갈 무렵 부자가 처음 주었던 쌀 한 되보다 더 많은 쌀을 모았고 돈도 많이 모았습니다. 부자는 이 현명한 규수를 며느리로 삼아 그 가정은 더욱 부자가 되어 잘 살았다는 이야기입니다.

터무니없는 지나친 융통성은 안 되지만 살아가면서 꽉 막힌 생각보다 융통성 있는 생각이 중요합니다. 이와같이 일할 능력이 있는 사람이 먼저 밥을 해 먹고 기운을 차려 일을 해 품값을 받고 각자 그 돈으로 식량을 사와서 그때 여럿이 나누어 먹으면 배고픔을 해결할 수 있을 것입니다. 길이 막혀 있으면 포기하지 말고 돌아서 갈 수도 있는 것입니다.

③ 길은 있다 - 그 길은 포기하지 않는 것이다

살다보면 불가항력적인 일, 나의 능력 밖의 일들이 내 앞에 직면할 때가 있습니다. 그럴 때도 쉽게 포기하지 말고 집중력 있게 생각하면서 꿈에서도 해결책을 찾으려 노력해 보십시오. 꼭 해결책을 찾을 것입니다. 도저히 안 되는 일이야 하고 포기하거나 비켜 간다면 도저히 해결할 수 없는 일이고, 꼭 해결하겠다고 생각하여 노력한다면 해결할 수 있는 길이 있을 것입니다.

포드 자동차가 4기통보다 성능이 더 낳은 엔진을 개발하려고 포드사의 많은 기술자들이 6기통 엔진을 제작하려고 오랫동안 시도하였으나 도저히 안 되는 것으로 포기하자 포드는 포기하지 않고 더 오랜 기간 연구 끝에 마침내 최고의 엔진을 개발하였다고 합니다.

옛날 어느 스님이 커다란 돌로 부처를 상단과 하단으로 조각하고, 상단을 하단 위에 맞추어 올려놓으려고 하니 무거워서 들어 올릴 수가 없었습니다. 스님은 상단을 하단에 올려놓는 일만을 생각하며 다녔습니다.

그러던 어느날 하천을 따라가다가 우연히 아이들이 모래사장에서 노는 것을 보게 되었습니다. 어린이들의 놀이는 커다란 돌 주변에 모래를 사방에서 끌어와 붓고, 그 위로 다른 커다란 돌을 밀어 올려

쌓는 것이었습니다.

그 놀이를 보고 스님은 바로 깨닫고 돌아와 부처님의 하단 주변에 흙을 비스듬히 쌓고 상단을 그 위로 밀어 올려 안착시킬 수 있었다고 합니다. 여러분이 하는 일이 의롭고 합당한 일이고 끝까지 포기하지 않고 노력하면 하늘도 감동하여 해결책을 열어 주고 성공시켜 줄 것입니다.

④ 일의 성패는 능력보다 마음먹기에 달렸다

어떤 문제나 사건에 부딪쳤을 때 사람들의 태도는 여러 가지 형태로 나타납니다. 어떤 사람은 자신 있는 태도로 임하는가하면 어떤 사람은 반신반의하는 사람, 또는 아예 포기해버리는 사람 등등 여러 부류가 있습니다. 그러나 사람의 태도는 능력보다는 마음가짐에 따라서 달라진다고 합니다.

예를 들어 내가 누군가와 싸우려 할 때, 상대방이 태권도가 3단이라 나보다 월등 싸움 기술이 높아 싸움을 잘한다면 나는 무서워서 도망갈 궁리부터 할 것입니다. 그러나 상대방이 내 큰돈을 떼어 먹고 도망쳐 몇 년 동안을 찾던 사람이었다면 이야기는 달라질 것입니다. 그 놈을 잡아서 경찰에 넘겨 떼인 돈을 받아야겠다고 결정했을 때 나의 마음과 태도는 먼저와는 전혀 다른 모습으로 나타날 것입니다. 마찬가지로 여러분이 어떤 일에 임할 때 반드시 성공하겠다고 마음을 굳게 먹으면 여러분은 모든 어려움을 감수하면서도 반드시 이룰 수 있을 것입니다.

▌유격훈련 이야기

부끄러운 이야기이지만 나의 젊었을 때 군대생활 이야기 한 가지를 하겠습니다. 군 생활 중 어려운 훈련 하나가 유격훈련이라는 것이 있습니다. 적어도 한번은 꼭 마쳐야 하는 훈련인데 그 훈련을 받을 차례가 되었습니다.

그런데 먼저 받고 온 선배들이 얼마나 겁을 주는지, 이제는 죽었다는 둥, 또는 갔다 와서는 며칠을 끙끙 앓아야 한다는 둥, 별의 별 겁을 다 주는 것입니다. 나는 굉장히 힘이 드는가 보다하고 지레 겁을 잔뜩 먹고 반드시 받아야 하는 훈련이기에 어쩔 수 없이 며칠간의 유격 훈련을 받으러 부대원들과 같이 훈련장에 입소했습니다. 첫날부터 구보(달리기)로 12Km를 뛰는데 겁을 먹은 나는 조금 뛰다가는 몹시 힘이 들고 도저히 완주할 자신이 없다는 생각이 들었습니다. 조금 있으니까 한두 명 낙오자가 나오기 시작했습니다.

그 낙오자들을 모아서 다른 데로 가서 쉬게 해주는 것 같았습니다. 그것을 보니 나도 더 뛸 마음이 내키지 않아 그만 주저앉고 말았습니다. 그러자 선임하사가 쫓아와서 왜 그러느냐고 하면서 나를 챙겨주어 결국 나는 완주를 못하고 중간에서 포기하고 말았습니다. 그런데 조금 지나서 생각하니 나의 생각이 잘못된 것을 깨달았습니다. 남들도 다 똑같은 밥 먹고 다 하는데 왜 내가 못나게 이러고 있는가 생각하니 오히려 내 자신에 화가 났습니다. 다음부터는 나도 꼭 해내고 말 것이다. 남은 못해도 나는 반드시 해내고 말 것이다. 하고 각오를 단단히 하니

다음날 똑같은 거리를 달리는 데 별 어려움 없이 거뜬히 완주할 수 있었고 모든 과정을 아무 사고 없이 선배들에게 들은 것과는 반대로 어렵지 않게 마칠 수가 있었습니다. 모든 것은 마음먹기에 달렸다는 것을 다시 한 번 깨달았습니다.

 ** 성공은 어렵게 노력하여 얻어지는 것이기에 그만큼 소중한 것입니다. 일에 겁먹지 말고 꼭 성공하겠다고 마음먹고 도전하십시오. 꼭 이루어질 것입니다. 공부도 마찬가지입니다. 확실한 목표를 정하고 노력하면 꼭 달성할 것입니다.

⑤ 천리 길도 한 걸음부터

'반 걸음을 쌓지 않으면 천 리에 이르지 못할 것이며, 작은 물이 모이지 않으면 강하(江河)를 이루지 못한다.' 명심보감에 나와 있는 순자가 한 말입니다.

옛날 시골에 두 선비가 살았는데 과거시험을 보기 위해 열심히 공부했습니다. 이윽고 전국에 과거시험이 있다는 공고가 붙었습니다. 두 선비도 이 소식을 듣고 이제까지 갈고 닦은 실력을 발휘할 생각에 가슴이 한껏 부풀었습니다. 한 선비는 시험공고를 듣고는 부랴부랴 짐을 챙겨 한양으로 시험을 보러 떠났습니다. 그런데 다른 한 선비는 과거는 봐야겠는데 천리가 넘는 한양까지 며칠을 두고 걸어서 갈 것을 생각하니 눈앞이 아득하였습니다. 그래서 하루하루 미루다가 결국은 며칠을 남겨놓고 떠났지만 제 날짜에 도착하지 못하여 시험도 보지 못하고 돌아왔습니다.

반면에 과거시험 발표가 나자마자 떠났던 선비는 여유 있게 길을 가면서 각 지방의 풍속이나 인심을 살피면서 한양에 도착하였을 때는 책에서 공부로 배우지 못했던 더 많은 지식을 얻어 과거시험에 합격하였고, 금의환향하여 온 마을 사람들도 함께 기뻐하였다는 이야기가 있습니다. 언제 그 먼 길을 갈까하고, 언제 저 많은 책을 다 보아서 시험을 보나 하고 미루면 아무것도 안 됩니다. 계획을 세웠으면 시작해야 됩니다. 누가 대신 해줄 수 없고 어차피 나 자신이 해야 할 일이니까요. 천리 길도 한 걸음 한 걸음이 모여서 도달하는 것이지 한 번에 100 걸음이나 200 걸음씩 축지법 쓰듯이 갈 수 있는 것이 아닙니다. 속담에 첫 술에는 배부르지 않다는 말이 있습니다. 처음에는 만족하지 못하더라도 쉬지 않고 꾸준히 해나가다 보면 나중에는 큰 결과를 얻게 될 것입니다.

마찬가지로 공부나 사업도 한 계단 한 계단 배우고 익히는 중에 일의 이치라든가, 방법을 터득하게 되어 일을 전체적으로 조감할 수 있어 능률적으로 운영할 수 있게 되는 것입니다.

너무 서둘러 기본을 소홀히 한다면 후에 큰일을 감당할 능력이 부족하게 됩니다. 시작이 반이라는 말도 있습니다. 일단 시작을 하고 중간에 포기하지 않으면 이루어집니다. 준비가 되었으면 주저하지 말고 시작하십시오.

성경에 '네 비록 처음은 미약하나 끝은 창대하리라.'하는 말씀같이 중간에 포기하지 않고 꾸준히 노력하면 틀림없이 성공할 것입니다.

⑥ 인간이 만든 제품 중 완전무결한 것은 없다

더 나은 제품을 항상 생각하세요.

옛날의 냉장고와 지금의 냉장고를 비교해 보면 기능이나 성능이 엄청나게 달라진 점을 알 수 있을 것입니다. 하지만 지금 볼 때 별스럽지 못한 옛날의 냉장고도 그 당시에는 최고의 제품이었습니다.

그러나 소비자들의 불만에 귀를 기울인 제조사에서 소비자가 만족할 수 있는 제품을 개발하여 오늘날의 최고의 제품을 만들게 되었습니다. 얼마 후에는 현재의 냉장고보다 더 훌륭한 제품이 나올 것입니다. 따라서 현재의 것에 만족하지 말고 아이디어와 창의력을 발휘하면 소비자가 만족할 수 있는 더 좋은 품질과 기능으로 탑재된 제품이 나올 수 있을 것입니다.

어느 것이든 인간이 만든 것은 완전무결한 것은 없으니 더 좋은 것을 생각해 보세요.

⑦ 긍정적인 사고방식을 가져라 - 자신감

이순신 장군이 무고로 옥에 갇혔다가 다시 해군의 지휘권을 인수받고 전쟁터에 나가게 됐습니다. 전쟁터에 도착했을 때는 전임 장수들이 적의 간계에 걸려 거의 모든 배가 파손되었고, 병사들 또한 너무 많이 잃어 누가 보아도 도저히 싸울 수 없는 상황이었습니다. 그러나 이순신 장군은 남아 있는 얼마 안 되는 병사들과 난파되고 남아있는 배 겨우 12 척으로 악착같이 덤벼드는 엄청난 수의 왜적과 왜선과 싸우며 조금도 두려워하거나 머뭇거리지 않았습니다.

난중일기에 보면 이렇게 나와 있습니다.

'신에게는 아직 12척의 전선이 있사옵니다. 죽을힘을 다해 막아 싸우면 능히 대적할 방책이 있습니다. 지금 수군을 폐하시면 적들은 물길을 따라 전하께 갈 것인 즉, 신은 적들을 전하께 보내지 않을 것이옵니다. 이는 적들이 전하의 적이 아니라, 신의 적인 까닭입니다. 미천한 신의 몸이 살아 있는 한, 적은 우리를 가벼이 업신여기지 못할 것이옵니다.'

이순신 장군은 자신을 지켜내기 위한 작전이 아니라, 승리하기 위한 작전을 세워 엄청난 수의 왜선과 왜군을 바다에 수장시켜 빛나는 큰 승리를 이끌었습니다.

만일 이순신 장군이 얼마 남지 않는 군졸들과 배를 가지고 싸울 수 없다고 포기하였거나, 엄청난 수의 왜선과 왜군을 보고 자신감을 잃고 겁을 먹었더라면 부하들은 사기와 의욕이 떨어져 싸우지 못하였을 것입니다. 또 그런 마음으로 억지로 싸워봤자 결과는 패배로 끝났을 것입니다. 그렇습니다. 자신감과 긍정적인 사고방식은 모든 성공하는 사람들의 필수 덕목입니다.

이순신 장군뿐입니까?

일일이 예를 들지 않더라도 우리 역사에서는 우리 선조들이 긍정적인 사고방식과 뛰어난 지혜로, 외적과의 엄청난 군사력의 차이에도 불구하고 모두 큰 승리로 이끈 역사적 전투가 헤아릴 수 없이 많이 있습니다. 그래서 비록 우리나라는 작은 반도의 나라이지만 이제까지 우리 민족의 순수성을 지키며 수천년을 당당하게 지켜오는 것입니다.

긍정적인 사고방식이 필요한 곳이 꼭 전쟁에서만 있겠습니까? 우리는 일제 식민지하에서 일제로부터 제대로 된 교육 하나 받지 못하고 해방을 맞았습니다. 그리고 얼마 안 돼서 일어난 6·25 전쟁으로 모든 것이 파괴되어 아무것도 없었던 상황에서도 오로지 하면 된다는 긍정적인 신념 아래 정부와 기업과 과학자 그리고 온 국민이 철저히 새마을운동과 경제개발 5개년계획을 실천하다 보니, 우리보다 적어도 30~40년 앞서가던 선진국들을 따돌리고 오늘날 세계 최고의 IT 강국이 되고 10번째 안에 드는 무역경제대국이 되었습니다.

그 당시에 정부와 기업 및 과학자들이 성능도 좋지 못한 국산품을 만들어 팔지 못하여 더 망하는 것보다는 외제품을 구입해서 사용하는 게 훨씬 더 이득이 된다고 경제개발 5개년 계획을 포기하고, 실천하지 않았더라면 오늘날의 대한민국은 없었을 것입니다.

'우리도 할 수 있다', '우리도 잘 살아보자' 하고 긍정적인 생각으로 앞만 보고 열심히 일한 결과가 오늘날의 우리 대한민국인 것입니다.

해외 나가서 사업하는 사업가들도 탄탄한 기반의 외국 기업들과 조금도 위축되지 않고 긍정적인 사고방식으로 기업을 운영하여 현재 우리나라의 기업 중에는 세계 제일가는 기업들이 세계무대를 주름잡고 있습니다. 국토 면적이나, 인구가 세계 200여 나라 중 150~200 번째임에도 세계 10대의 경제대국이 된 것은 우리 선조들이 긍정적인 사고방식과 꺾일 줄 모르는 투지의 DNA가 우리 몸속에 힘차게 흐르고 있다는 증거입니다.

여러분이 공부를 잘하기 위해서, 그리고 훗날 여러분이 성공하기 위해서는 긍정적인 사고로 일에 대응하기를 바랍니다. 공부나 일을 하다보면 잘되는 경우도 있지만, 일시적으로 막히는 경우도 많습니다. 그럴 때 내 능력 밖이라거나 죽어도 못 해 하고 포기하지 말고, '어~ 이런 게 나에게 도전장을 내밀어? 내가 누군데! 다른 사람도 다 하는데 내가 못 할 줄 아나? 나는 할 수 있어. 기다려 봐. 남은 몰라도 나는 멋지게 해낼 거야.' 하고 결심하고 실천하면 반드시 성공할 것입니다.

사람들은 공부 잘하는 사람보고 머리가 좋아서 잘한다고 합니다. 그러나 실은 특별한 경우를 제외하고는 우리 모두는 대개 2살 내지 3살 경에 다 말을 배우는데, 이것은 거의 모든 사람의 머리가 비슷하다는 증거입니다. 그래도 좀 머리가 부족하다고 생각되면 '나도 할 수 있다' 하는 긍정적인 신념과 노력으로 보충하면 되지 않겠습니까?

'나도 할 수 있다' 보다는 '나는 할 수 있다'는 신념으로 두들기고 깨부숴야 합니다. '나는 머리가 부족하니까 어쩔 수 없어' 하고 포기 아닌 체념을 해 버리면 스스로 패배의 길을 택하는 것입니다. 성경말씀에 '찾으라, 그러면 찾을 것이요, 구하라, 그러면 주실 것이요, 두드려라, 그러면 열릴 것이다'라고 가르쳐 주신 하느님의 가르침은 (물론 믿음에 대한 가르침이지만) 앞으로 이 세상 끝나는 날까지 우리에게 주시는 불변하는 귀한 가르침입니다.

교만이나 자만심은 버리고 항상 겸손한 마음을 갖고 여러분의 성공을 위해 돌봐주고 지켜주고 기다려준 분들께 늘 감사하는 마음 잊지 않는 사람이 되길 아울러 바랍니다.

⑧ 도전하는 마음 - 실패를 두려워 마라

세상은 과학기술이 발달함에 따라 어지러울 정도로 빠르게 변하고 있습니다. 옛날 50년 걸리던 변화가 요즘은 3~4년에 혁신적으로 변하기도 합니다. 발달된 과학기술은 그 발전과 변화를 더욱 가속화하고 있습니다. 우리도 세계의 변화에 맞추어, 아니 그보다 더 빠르게 대응하여 새로운 사업이나 도전으로 주도권을 잡아야 합니다.

도전하는 마음 없이 현재에 만족한다면 우리는 우리와 비슷하게 나가고 있는 나라는 물론이고 우리를 뒤 따라오는 나라에게 곧바로 추월당해 뒤쳐지게 될 것입니다. 이것은 바로 패배이며 한번 추월당하면 다시 추월하기가 어려워집니다.

개인도 마찬가지입니다. 실패를 두려워하거나 자금이 부족하여 도전을 미룰 때 다른 모든 사람들의 도전 내지는 활발한 활동에 밀려 곧 뒤로 밀리고 말 것입니다.

공부도 마찬가지입니다. 친구들은 계속 공부하는데 잠시 아프다든지 자만에서, 또 다른 이유로 머뭇거리면 바로 그 친구들에게 뒤쳐질 것입니다. 패배하고 난 뒤에는 어떤 이유도 필요 없습니다.

도전은 남의 것을 모방하거나 그 것을 앞서려고 하는 것보다 새로운 것 ,더 효율적인 것 등으로 남이 생각하지 못한 것을 알려 하고 만들려고 하는 것입니다.

국가 간의 경쟁은 바로 개인 간의 경쟁이나 마찬가지입니다. 국가의 발전은 결국 향상된 개인의 능력에서 이루어지는 것이기 때문입니다.

우리가 여기까지 어떻게 왔는데 우리의 자리를 빼앗길 수는 없습니다.

항상 주머니에 메모지를 넣고 다니면서 잠시 스쳐 지나가듯 생각나는 영감을 메모하여 공부는 물론, 사업 아이템이나 생활의 편리한 도구로 사용하면 도전의 밑거름이 될 것입니다.

도전하지 않고 현실에 만족하는 것은 곧 추락이라는 것을 인식해야 합니다. 하나의 지구촌으로 좁혀지는 글로벌화한 세계가 되면서 경쟁이 더욱 심해지고 있습니다. 도전정신과 긍정적인 사고가 더욱 필요해지는 시기입니다.

지금은 안 쓰이지만 한때 아주 잘 쓰이던 606호라는 약이 있었습니다. 후일 페니실린이 나오기 전까지 인류의 질병치료에 큰 공헌을 해준 아주 고마운 약입니다. 그런데 그 약의 이름이 보여주듯이 이 약은 605번의 제조실험에 실패하고 606번째 제조에 성공하여 개발된 약입니다. 지금보다도 훨씬 개발환경이 열악한 데도 포기하지 않고 606번을 도전하여 개발된 약입니다. 실패에 포기하지 않고 끝없는 도전정신이 이 약을 만들어 인류의 많은 질병을 치료하는 데 공헌하고 회사도 큰돈을 벌었다고 합니다. 자존심을 가지고 할 수 있다는 긍정적인 생각으로 도전하면 반드시 성공하여 세계를 이끌어 가는 사람이 될 것입니다.

⑨ 우리나라에서의 일등은 세계에서 일등 - 자신감을 갖자

일제시대 때 일본인들은 우리를 아주 우둔하고 열등한 민족이고, 둘 이상 모이면 싸움이나 하고 붕당을 지어 서로를 모함하고 단합을 모르는 아주 야만적인 민족이라서 일본의 보호와 지배를 받아야 한다고 가르쳐 지배하려고 하였습니다. 그래서 한때 그런 교육을 받았던 사람 중에는 일부 그런 생각을 갖는 사람도 꽤 있었던 것 같았습니다. 그러나 요즘 보면 우리 민족은 아주 우수한 민족이라는 것이 입증되고 있습니다. 과거 5000년 역사 속에서 볼 때 우리는 적은 수의 군대로 우리보다 엄청난 많은 숫자의 군대로 쳐들어 온 적을 뛰어난 전술과 온 국민의 단합된 힘으로 물리쳐 우리 민족의 독립을 지켜왔습니다.

또 인구가 얼마 안 되는 작은 나라에서 세계 최초로 만든 많은 뛰어난 문화유산이며 훌륭한 한글 등을 보면 우리 민족이 얼마나 훌륭한 재주를 가진 민족인가를 알 것입니다. 우리는 인구로도 그렇고 국토로도 아주 적은 나라이면서 거기다가 아무것도 물려받은 것이 없는 식민지에서 해방되고, 또 6·25전쟁으로 폐허가 된 땅에서 세계 그 어디에도 유례가 없는 이렇게 짧은 기간에 잘 살게 된 것은 얼마나 자랑스런 일입니까? 이것은 우리 민족이 우수한 민족이기 때문인 것입니다.

우리는 스스로를 존중하는 자부심과 긍지를 갖고 다른 나라는 할 수 없는 것도 우리는 무엇이든지 해낼 수 있다는 자신감을 갖고 하면 다 이룰 수 있을 것입니다. '대한민국에서의 일등은 세계에서 일등이다' 하는 긍지를 갖고 말입니다. 우리나라에서 일등 하는 운동선수는 세계에서 일등이나 거의 다름없고, 우리나라의 경연대회에서 일등한 음악가는 세계음악경연에서도 일등을 하고, 세계 공업기능대회에 가면 금메달을 거의 쓸어오다시피 하고, 우리나라에서 훌륭한 기업은 또한 세계에서도 그 분야에서 최고로 알아주는 훌륭한 기업이 되었습니다. 요즘 우리나라 학자들이 발표하는 논문은 또한 세계적으로 인정받는 훌륭한 논문으로 평가받고 있습니다.

설령 한국에서 꼭 일등은 아니더라도 한국에서 상위면 어느 분야에서든지 세계에서 최상위에 든다는 자부심을 갖고 우리 젊은이들은 하는 일에 더욱 열중해주기 바랍니다. 남의 일에 쫓아다니며 모방하려 하지 말고 앞서가려 하고, 또 남들이 생각지도 못하는 분야에 독창적으로 연구하며 앞서가는 그런 사람이 되십시오.

한국에서의 일등은 세계에서의 일등이라는 자신감을 갖고, 절대로 다른 나라나 다른 민족에 주눅 들어 열등감을 갖지 말고 나는 대한민국 국민인 것을 자랑스럽게 생각합시다. 우리가 훌륭한 국민이 되기 위해서는 우리의 국민정신이 인, 의, 예, 지, 신을 바탕으로 한 의로운 정신으로 생활해야합니다.

아자아자! 우리는 할 수 있다. 힘 내자!

** 성공에 꼭 필요한 마음가짐 중 하나가 자심감과 긍정적인 사고인데, 자신감과 긍정적인 생각으로 거의 불가능한 일로 여겼던 일을 성공시킨 예를 다시 한 번 생각해봅시다.

4. 감사하고 겸손한 마음

작은 일에도 감사하며 터무니없는 욕심 부리지 말고 나보다 못한 사람을 깔보거나 멸시하지 말고 오히려 측은한 마음을 가져야 합니다. 남의 충고나 조언은 무조건 무시하거나, 그렇다고 무조건 따르지 말고 귀 기울여 경청한 후에 취사선택합니다.

① 선물은 최고의 것으로 하라

인생은 나 혼자의 능력으로만 살아가는 것이 아닙니다. 때로는 다른 사람의 도움과 조언에 의해서 일이 쉽게 해결되어 비용도 크게 절감하고, 노력도 크게 덜어서 성사가 되었다면 도움을 준 사람에게는 꼭 감사의 인사를 드려야 합니다.

감사의 뜻으로 전하는 선물은 그 부류에서는 제일 좋은 것으로 하고, 여러분이 진실로 느끼는 감사의 뜻을 전하여야 할 것입니다. 내 것만 아깝고 상대방의 고마움을 모르거나 감사하지 않는다면 다음에 그런 도움을 청할 수가 있겠습니까? 감사의 인사를 소홀히 하여 여러분에 대한 평가가 나쁘게 퍼져 간다면 남의 도움을 받기는 더욱 어려워질 것입니다. 좋은 것과 조금 못한 것의 차이는 얼마 안 됨으로 조금 아끼지 말고 확실하게 감사의 뜻을 전해야 합니다. 받은 도움에 감사하는 마음을 잊지 않도록 합시다.

② 좋은 사람을 사귀어라

자신도 모르는 중에 사귀는 사람과 점점 닮아갑니다.

옛 어른 말씀에 좋은 사람과 동행하면 마치 안개 속을 가는 것과 같아서 비록 옷은 젖지 않더라도 때때로 윤택함이 있고, 무식한 사람과 동행하면 마치 뒷간에 앉은 것 같아서 비록 옷은 더럽히지 않더라도, 때때로 옷에서 구린 냄새를 맡게 된다고 하여 친구 사귀는 것을 신중히 할 것을 경계하였습니다. 지식이 많고 어진 사람과 같이 지내면 내가 그에게서 보고 듣는 것이 좋고 선량한 것이고, 생각과 생활태도나 행실이 그 사람을 닮아갈 것입니다. 반대로 나쁜 사람과 지내면 나도 모르게 나쁜 방향으로 그를 닮아간다는 가르침입니다.

근묵자흑(近墨者黑)이라는 말이 있습니다. 검은 먹을 가까이 하면 검어진다는 뜻의 한자성어입니다

(近: 가까울 근, 墨: 먹 묵, 者: 사람 자, 黑: 검을 흑).

먹을 가까이 하다 보면 자신도 모르게 검어진다는 뜻으로, 사람도 주위 환경에 따라 변할 수 있다는 것을 비유한 말입니다. 다시 말해 먹을 가까이 하면 언제 묻었는지도 모르게 먹이 묻어 내 옷이 더럽혀지 듯이 나쁜 사람과 어울리면 자기도 모르는 사이에 나쁜 일에 빠져든다는 것을 경계하는 말입니다. 훌륭한 스승을 만나면 스승의 행실을 보고 배움으로써 자연스럽게 스승을 닮게 되고, 나쁜 무리와 어울리면 보고 듣는 것이 언제나 그릇된 것뿐이어서 자신도 모르게 그릇된 방향으로 나아가게 된다는 것을 일깨운 말입니다.

③ 매일 고마웠던 일을 생각하고 상대방의 장점을 보라

만일 친구와 싸웠을 때를 생각해 보세요.

'오늘 친구와 싸웠다. 한 마을에서 같이 자라서 학교도 같이 다니고 지금까지 서로가 친하게 지냈는데, 조그마한 일로 다투기 시작해서 크게 싸우게 되었다. 다행히도 옆의 친구들이 싸움을 말려서 중단 되었지만 생각할수록 얄밉고 분하다. 지가 뭔데 나서서 나를 바보로 만들어. 지가 없으면 내가 못할 것 같아?' 라고 생각하겠습니까?

아니면, '오늘 친구와 싸웠는데 걔도 잘못이 있었으나 나도 잘한 것이 없어. 그 친구와는 10년 넘게 친하게 지내왔는데 별것도 아닌 것으로 싸움까지 한 것은 아무리 생각해도 내가 좀 지나친 것 같아. 우리는 좋은 일 있을 때나 나쁜 일이 있을 때도 함께 했는데. 내가 아파서 학교에 못 갔을 때 그 친구는 나에게 내가 결석하여 배우지 못한 것을 가르쳐 주었고, 소풍갔을 때 다른 학교 학생들과 다툴 뻔 했을 때는 그 친구 덕분에 피할 수 있었지. 내가 먼저 사과해야지.' 하고 생각하겠습니까?

이들 중 어떤 경우를 선택하겠습니까? 상대방의 좋은 추억거리와 장점을 생각하면 오해했던 부분과 서운했던 마음이 빨리 풀릴 것입니다. 좋은 친구는 세상 어느 것보다도 값나가는 귀한 보배입니다. 만일 오해나 다툼이 있었다면 좋은 친구를 잃지 않도록 먼저 화해하고 손을 내밀어 늘 좋은 우정을 지키십시오.

④ 처음과 같이 초심을 잊지 마라

사람이 사업 혹은 새로운 일을 시작할 때의 각오와 결심은 대단합니다. 처음에는 고객 위주로 고객의 편에서 최고의 서비스를 하겠다고 결심하지만 시간이 가고, 영업이 생각보다 잘 안 된다든지 하면 처음 결심은 퇴색되어갑니다.

어떤 사람은 이익만을 위한 운영을 한다든지, 또는 터무니없는 이익을 내려고 손님에게 바가지를 씌우고, 불량품을 판매하는 경우도 있을 것입니다.

운영이 좀 어렵더라도 자신의 가게를 찾아주는 고객에게 감사한 마음으로 정성을 다한다면, 폭리가 아닌 합당한 가격으로 손님을 맞는다면 그 손님은 다음에 또 찾아올 것입니다. 자신의 가게를 찾아 주는 고객들이 얼마나 고마운 분들인가를 생각한다면 절대로 바가지를 씌우거나 폭리를 취할 수는 없을 것입니다.

자신의 사업을 사랑한다면 자신의 제품을 찾아주는 고객을 사랑하고 섭섭한 마음을 갖지 않도록 하여야 할 것입니다. 고객이 한 번 섭섭한 마음으로 돌아간다면 다시 오게 하기에는 너무나 힘든 일입니다. 항상 처음과 같은 마음으로 모든 손님에게 감사하는 마음으로 대하면 반드시 성공할 것입니다. 또 영업이 잘 될 때에도 교만하지 말고 늘 겸손하며 더욱 친절하고 감사하는 마음가짐으로 하면 계속 번성할 것입니다. 일시적으로 힘들다고 초심을 잊지 말고 정성을 다해야 합니다.

⑤ 먼저 베풀어라

행복해지고 싶다면 좋은 관계를 만들기 위해 먼저 베풀어야 합니다. 사회가 불안하고 어지러우면 사람들은 마음의 창을 잠그고 서로가 교감하려고 하지 않고, 부모님들은 아이들에게 낯선 사람들을 조심하라고 주의를 줍니다. 그러니 같은 아파트의 같은 엘리베이터에서도 매일 만나는 이웃사람들끼리도 못 본 체하거나, 고슴도치처럼 경계하거나 접근을 금지합니다. 사회는 점점 불안해져 가고 인정이 메말라 가는 것입니다.

위층의 어린이가 소란을 피운다고 아래층 사람과 크게 다투기도 합니다. 우리가 먼저 마음의 문을 열고 인사하고 베풀어 보십시오.

엘리베이터에서 만난 꼬마 친구에게, "안녕! 꼬마친구, 나는 00호에서 사는 00이란다. 너는 몇 호에 사는 누구니?" 라고 먼저 인사하고, 새로 이사를 가게 되면 앞집, 위집, 아랫집만이라도 "00호에 이사온 00입니다. 앞으로 사이좋게 지내봅시다." 하고 먼저 인사하면 얼마나 부드럽고 아름답습니까? 만약에 어린이가 있는 집이라면 작은 음식이라도 들고 가서 "우리 애들이 좀 유별나서 생활하는 데 시끄러워 불편하실 겁니다. 앞으로 조심시킬 테니 양해 좀 해 주십시오." 라고 인사한다면 폭력 사태로까지 가지는 않을 것입니다.

'사랑을 원한다면 먼저 남을 사랑하라.'

'당신이 먼저 남을 도우면 그들 또한 당신을 돕는다.'

이 모두가 먼저 베풀라는 이야기입니다. 자신이 베푼 것은 자신에게 다시 돌아오게 마련입니다. 가진 것을 베풂으로써 자신이 원하는 것 이상을 얻을 수 있습니다.

먼저 인사하고 베풀어야 합니다.

** 이웃이나 또는 친구와 좋은 인간관계를 위해서 나는 어떻게 할 것인가를 생각해봅시다.

Ⅳ. 아름다운 삶을 위해

아름다운 세상에서 아름다운 삶을 위해

얼마나 아름답고 좋은 세상입니까?

물질은 풍족하고 문명이 발달하여 힘들고 어려운 일들은 거의 기계가 해주어 사람들은 옛날같이 힘들게 일하지 않아도 되고, 먼 거리 여행도 자동차나 기차, 비행기 등으로 어디든지 편하게 다녀올 수 있고 구경할 수 있으며, 많은 질병들이 정복되어 건강하게 장수할 수 있는 정말 좋은 아름다운 세상입니다.

그러나 아름다운 세상이라도 내 몸이 건강하지 못하여 마음대로 활동할 수 없는 처지라면 무슨 소용이며, 또 젊어서 생긴 돈을 다 써 버리고 빈털터리가 되었다면 눈앞의 풍성한 물질이 무슨 도움이 되며, 내가 가진 것이 아무리 많아도 주위 사람들의 손가락질이나 소위 '왕따'나 당하고 욕을 먹으며 무시당한다면 무슨 즐거움이 있는 삶이겠으며, 나의 성공이나 성취를 위해 감당하지 못할 부채나 나로 인해 피해를 본 사람들이 있어 그들의 위협으로 인한 근심 걱정이 끊이지 않는다면 어떻게 세상을 아름답게 살 수 있겠습니까?

이 아름다운 세상에서 아름답게 살기 위해서 어떻게 살 것인가를 생각해 봅시다.

1. 안전이 제일이다

안전을 제일주의로 하여 나뿐만이 아니라 나의 잘못으로 인해 다른 사람에게 피해를 주지 않아야 합니다. 아무리 돈이 많고 지식이 많아도 몸이 불편하여 마음대로 활동할 수 없다면 무슨 소용이 있겠습니까? 인재에 의한 안전사고에 항상 주의해야 됩니다.

① 운전기사의 면접시험

어릴 때 책에서 읽은 이야기를 토대로 적어봅니다.

어느 큰 회사에서 사장의 차를 운전할 기사를 모집하는 광고를 냈습니다. 여러 가지 조건과 보수 등을 특별히 대우하는 조건으로 하여 광고가 나가자 많은 사람들이 좋은 조건을 보고 지원하였습니다. 회사에서는 이력서를 검토하여 특별한 세 사람을 선정하여 면접을 보게 되었습니다.

사장은 첫 번째 지원자에게 운전경력은 몇 년인지 묻고는 자네의 운전 기술로 절벽에서 몇 미터까지 가까이 주차할 수 있겠는가? 하고 질문을 하니 서슴없이 20미터 뒤에까지는 주차할 수 있다고 대답했습니다.

두 번째 지원자에게도 똑같은 질문을 하니 자기는 절벽의 3미터까지 주차할 수 있다고 대답하고 과거에 그런 경험이 여러 번 있었다고 자랑하였습니다.

　세 번째 지원자에게도 똑같은 질문을 하니 2미터까지 주차할 수 있다고 자랑하며 과거의 경험담을 이야기하면서 자기의 기술까지 자랑하였습니다.

　그러나 사장은 첫 번째 지원자를 채용하였습니다. 자기의 재주만 믿고 위험천만하게 운전솜씨를 뽐내다가 낭떠러지가 무너지기라도 한다면 어찌하겠습니까? 자기의 작은 재주를 과시하려다가 돌이킬 수 없는 큰 사고를 당하면 무슨 소용이 있겠습니까?

　운전을 할 때는 늘 주위를 집중적으로 살펴서 안전운전을 할 뿐만 아니라 모든 일에서도 안전을 제일주의로 해야 합니다. 여름철 산에서 폭우로 물이 불어났을 때 건너는 폭이 짧고 얕을지라도 물살이 거세니 젊은 용기만 믿지 말고 피해 가세요. 만사 불여튼튼이라고 했습니다.

　한 사람이 온 가족의 삶을 책임지는 경우도 있습니다. 사람들은 과거를 자주 잊고 같은 잘못을 반복하면서 목숨을 담보로 재주를 부리기도 하는데 안 될 일입니다. 안전이 제일입니다.

② 접시 나르기

　어느 큰 호텔의 주방장이 공석이었습니다. 사장은 주방장을 누구로 할까 고민하다가 회사에서 체육대회를 개최하였습니다. 여러 가시 재미있는 게임으로 모든 직원들은 즐겁게 대회를 즐기고 있었습니다. 이번에는 접시를 다른 곳으로 빨리 옮기는 게임이었습니다.

　사장은 게임에 참여한 직원들에게 각자 맡은 접시를 잘 나르는 직원을 주방장으로 뽑겠다고 공표했습니다.

게임에 참석한 직원들은 빨리 옮기려고 욕심껏 쌓아 들고 달리다가 넘어져 깨뜨리고, 어떤 이는 그릇이 많아 주체하지 못하여 그릇끼리 미끄러져 깨어지고 하였습니다. 그 중 한 젊은 여직원은 부담되지 않을 정도의 적당량을 들어 여러 번에 걸쳐 안전하게 옮겼습니다. 사장은 당연히 이 여직원을 뽑았습니다.

비록 접시를 나르는 일이었지만 그 사람에 배어 있는 안전주의 정신이야말로 앞으로 살아가면서 지켜질 삶의 원칙일 것입니다. 안전에 대한 조그마한 무관심이 돌이킬 수 없는 큰 화나 재앙이 되는 것을 명심하기 바랍니다. 예로 건설 현장에서 안전을 무시하여 빈번히 일어나는 추락사고나 등산 중에 무심코 버린 담배꽁초로 엄청난 산림이 훼손되는 일이 해마다 되풀이 되고 있는 것을 볼 때 안전수칙을 지키는 것은 아주 중요한 일입니다. 우리는 꼭 안전수칙을 철저히 지켜 재난으로부터 생명과 재산을 보호해야 됩니다.

③ 지각 있는 사람

어려서 할아버지로부터 들었던 이야기입니다.

어느 집의 장성한 아들이 멀리 여행을 떠났습니다. 그런데 돌아올 날이 되었는데도 돌아오지 않았습니다. 그런데 더욱 놀라운 소식은 그가 타고 올 배가 사람들을 너무 많이 태워서 강을 건너는 도중 전복하여 많은 사람이 죽었다는 소문이었습니다. 사람들은 혹시나 그 집 아들도 사고를 당한 것은 아닌지 몹시 염려를 하는 눈치인데 정작 그의 아버지는 너무도 태연하였습니다. 그를 보는 마을 사람들은 더욱 안타까운 마음으로 얼마나 상심이 크면 저렇게 애써 태연한 척할까 하고 걱정들이었습니다.

한참 후에 아들이 돌아왔습니다. 마을사람들은 반가운 마음에 그의 집으로 모두 모여 무사히 돌아온 것을 축하해주고 어찌된 영문인지 물었습니다. 아들이 대답하기를 배를 타려고 보니 너무 많은 사람들이 배를 타서 위험하다 생각하고 자기는 다시 내려서 다음 배편을 기다리기로 하였답니다. 아니나 다를까, 그 배는 정원을 훨씬 초과하여 중심을 잡지 못하고 가다가 강 중간에서 전복하여 많은 희생자가 발생하였으나 자기는 그 배에서 내려서 무사하였다고 합니다.

마을사람들은 변을 당했을 수도 있는 아들이었는데 아버님께서는 어찌 그리 태연하셨습니까? 하고 물으니 아버지가 대답하기를 내 아들놈은 지각 있는 놈이라 무모한 짓을 안 할 것이라 생각했기 때문이라고 했습니다.

요즘은 무모한 행동들이 판을 치고 있는데 지각 있는 생각과 행동을 필요로 하고 있는 시기입니다.

음주음전을 하지 말라고 단속을 함에도 음주운전이 줄어들지 않는 이유가 뭘까요? 음주운전을 하다가 적발되면 벌금과 면허정지 등 처벌이 따른다는 것을 알면서도 반복하여 적발이 되고 있고, 사고로 이어지면 본인뿐 아니라 애매한 다른 사람과 그 가족까지 치명적인 상처를 주는 데도 근절되지 않으니 참으로 안타까운 일입니다.

자기 몸에 맞을 정도로 술을 적당히 마시고, 그리고 술을 마시면 절대로 운전대를 잡지 말아야 될 것을 지각없이 그 짓을 되풀이하는 사람들을 보면 측은하다기보다 분통이 터집니다.

화물자동차들은 너무 많이 짐을 실어서 달리다가 원심력을 못 이겨 전복되어 큰 사고를 내고 있습니다. 여러 번 들어서 알고 있으면서도 나는 괜찮겠지 하고 같은 일을 반복하다가 큰 사고를 일으킵니다.

지각 있는 사람, 지각 있는 행동은 나와 가족의 행복을 위해서 필수적입니다.

✽✽ 이제까지 들었거나 체험한 안전사고에 대한 이야기를 생각해보고, 내가 그때의 주인공이었더라면 어떻게 했겠는가를 생각해보세요.

2. 여유 있게 살라

① 절대로 빚을 지지 말며 남에게 빚보증도 서지 마라

이 말씀은 옛날부터 전해오던 것으로 나는 그 말씀을 알고도 빚을
져 아주 혹독한 어려움을 겪었습니다. 빚으로 인해서 인생 최고의
황금기라 할 수 있는 사오십대를 빚의 족쇄에서 벗어나지 못하고 늘
근심과 걱정 속에서 살았습니다. 그 빚만 아니었더라면 내 나름대로
정말 멋진 인생을 살았을 텐데, 생각하면 생각할수록 가슴 아프고
정말 원통한 생각이 듭니다. 빚에 대한 압박감에서 제약회사의 꿈을
포기해야 했고, 무료로 운영하던 충효교실과 청소년들을 위한 교실을
마음먹은 대로 멋지게 운영해보지 못하고 결국 빚의 압박감으로 중간에
문을 닫아야 했습니다.

살다보면 사고 싶거나, 하고 싶은 것에 대한 충동을 받을 때가 있을
것입니다. 그러나 사고 싶고, 하고 싶다고 다 할 수 있는 것은 아닙니다.
여유가 있어도 나에게 꼭 필요한 물건인지, 아니면 일시적인 호기심인
지를 판단해야겠지만, 돈이 부족한 상태에서는 더 신중하게 선택해야
합니다. 다음은 나의 경험을 바탕으로 빚을 내는 일을 경계하고자
하는 이야기입니다.

나는 약국을 포항에서 시작하였는데 약국 경영이 그런대로 잘되었습

니다. 당시 약국 바로 옆 건물이 매물로 나왔습니다. 건물의 위치는 경북 최고의 상권을 자랑하던 곳으로 누구나 탐을 내는 위치였습니다. 약국과 옆 건물이 있던 구간의 총면적은 8,976제곱미터(약272평)로 지금 현재의 약국 터 4,004제곱미터는 그 절반이 못 되었습니다. 그래서 잠시 허황된 생각으로 옆 건물을 사들여 그 자리에 새로운 건물을 신축한다면 경북 최고의 건물이 되리라는 터무니없고 분에 넘치는 생각에 가지고 있던 중요한 것들을 팔고도 부족하여 빚을 얻어 사게 되었습니다. 그런데 일이 생각같이 되지는 않았습니다. 그 후로 경기가 침체되면서 계획했던 대로 일이 진행되지 않아 빚은 이자에 이자로 불어나서 나중에는 감당할 수 없는 큰 빚으로 늘어났으며, 설상가상으로 건물 값마저 큰 폭으로 떨어져 결국은 아껴 남겨 두었던 다른 재산과 함께 헐값에 팔아야만 했습니다. 빚으로 샀던 그 건물은 반값에 팔아야 했고, 나머지 빚을 청산하기 위해서 다른 재산들도 팔았습니다. 그런데 처분한 그 건물과 재산들이 불과 2~3년 후에 5배 이상으로 뛰어올라 아픈 가슴을 더 아프게 하였습니다. 절대로 무리하게 빚을 내어 물건을 사거나 사업을 확장하면 안 된다는 뼈저린 교훈을 뒤늦게 깨달은 것입니다.

　남에게 돈을 빌려줄 때는 항상 가족과 상의하여 결정하고 가족이 반대하면 거절해야 하며, 빚에 대한 보증은 절대로 금물입니다. 왜냐하면 연대보증으로 인하여 여러 사람이 파산하는 것보다는 본인 한 사람의 파산으로 끝나는 것이 그래도 낫기 때문입니다. 순간의 동정심으로 잘못 판단하면 상대방뿐 아니라 본인도 큰 낭패를 보는 수가 있습니다.

다만 돈보다는 사람이 아깝다고 확신할 때, 또 이번의 경우만 잘 넘기면 회생할 것이 확실한 경우는 못 받는 경우까지 생각하고 도와줄 수는 있습니다. 그러나 이때도 신중해야 합니다.

② 지나친 욕심은 정신건강을 해친다 - 안분지족(安分知足)

욕심에는 한이 없다고 합니다. 그 욕심을 다 좇다보면 행복해지기보다 오히려 불행해지는 경우가 더 많습니다. 내 노력에 따라 주어지는 분수에 감사하는 마음과 나보다 어려운 이에게 베풀 줄 아는 마음이 행복해지는 길입니다.

만족할 줄 모르고 욕심을 부리면 근심걱정으로 정신건강뿐 아니라 신체적으로도 해로움을 받게 됩니다. 지나친 욕심은 무리한 수를 쓰게 되고, 이는 악수로 연결되어 나중에는 파산으로 이어질 수 있게 됩니다.

마음이 고요할 때는 총명함과 지혜로움이 나오지만, 머리가 복잡하면 주위를 보지 못하고 한 곳에 집착하게 되어 안목이 좁아지는 것입니다. 작은 일에 만족하고 여유를 갖는 마음으로 보다 나은 삶을 위해 노력하되 분수에 맞지 않는 욕심을 좇지 않을 때 근심걱정 없이 풍요로운 삶을 누릴 것입니다.

욕심에는 여러 가지가 있습니다. 돈이나 물질에 대한 욕심, 권력에 대한 욕심, 명예에 대한 욕심 등 여러 가지 욕심이 있습니다. 그러나 어느 욕심이든지 분수에 맞지 않게 탐하는 것은 헛된 일이고 오히려 우리의 정신과 건강을 해칠 뿐입니다.

그런데 유독 사람만이 욕심이 많은 것 같습니다. 아프리카의 맹수들을 보면 배가 부르면 눈앞에 먹잇감이 어슬렁거려도 잡지를 않고 평화롭습니다. 만일 맹수들에게 사람과 같은 욕심이 있었더라면 벌써 세상에 있는 모든 동물들은 멸종되었을 것입니다. 인간사회도 마찬가지로 필요 이상의 욕심을 버리고 주어진 분수를 고맙게 생각하고 살아가야 하지만 그렇다고 게을러서 아무것도 안 하는 것하고는 다릅니다. 목표를 정하고 성취하기 위해 노력함으로써 자신이 발전하고 또한 성취의 기쁨을 누리게 됩니다.

 ** 옛날부터 '빚은 주지도 말고 지지도 말라'는 말은 누구나 다 아는 아주 중요한 말이지만 실제로 그런 상황에 부닥치면 그렇게 한다는 것은 아주 어려운 일입니다. 그런 일이 생긴다면 어떻게 할 것인가를 생각해보세요.

3. 덕을 베풀어 이웃과 더불어 외롭지 않게 살라

내 욕심과 편협함 만을 생각하고 이웃이나 집안의 행사에 무관심하고 외면해 외롭게 홀로 지낸다면 비록 돈이 많은들 그 삶이 무슨 의미가 있겠습니까? 이웃이나 집안 행사에 참여하여 함께 정을 나누고, 아주 딱한 처지에 있는 사람에게는 비록 남이라 해도 능력 안에서 도와준다면 얼마나 고마워하겠습니까? 베풀면 많은 이웃이 생기고 그러면 외롭지 않을 것입니다.

① 제가(齊家)의 의미

제가(齊: 가지런할 제. 家: 집 가)란 집안을 잘 다스려 평안하고 화목한 가정을 만든다는 뜻입니다. 세상에서 개인이 만든 최고의 작품인 가정은 좁은 의미에서는 부모님, 부부, 자녀들로 된 내 집만을 말하겠지만, 큰 의미에서의 가정은 가족은 물론 친척, 이웃 사람들, 그리고 친구들까지 포함하여 잘 지내는 것이라고 볼 수 있습니다.

가족에게는 잘해도 친척이나, 이웃, 그리고 친구들과 원만하지 못하다면 어찌 그러한 사람들에게 후일 혹시라도 나라 일을 할 수 있게 맡기겠습니까? 가까운 집안이나 이웃이나 친지들과 원만하게 잘 지내는 것은 중요한 일입니다.

② 몸과 마음을 바르게 하라

몸과 마음을 바르게 하여 남에게 용서를 비는 일이 없도록 당당하게 행동해야 합니다.

예로부터 대장부는 늘 당당하고 떳떳하여 남을 용서할 수는 있어도 구차하게 남에게 용서를 비는 일이 없도록 하라고 했습니다. 따라서 말과 행동을 항상 조심하고 신중하게 할 것이며, 만약 잘못을 하였다면 변명하지 말고 당당하게 잘못을 인정하고 용서를 받아 새로운 마음으로 다시 시작하는 것이 떳떳합니다. 잘못을 은폐하면 계속 거짓말을 해야 하고 그것이 족쇄가 되어 일을 해결하는 데 더욱 어려워지게 됩니다. 처벌을 두려워하지 말고 사실을 밝히고 처벌이나 책임을 지고 당당한 마음으로 새로 시작하는 것입니다.

③ 숲이 우거지면 자연히 새가 깃든다

민둥산에는 아무것도 살수 없으니 새도 오지 않습니다.

민둥산에 새가 와서 살게 하려면 여러 종류의 나무를 심어 숲이 우거지도록 하고, 여러 가지 열매가 맺히도록 할 때 새들뿐 아니라 다람쥐, 토끼 등 여러 종류의 동물들도 와서 살게 됩니다. 숲이 우거지면 열매나 먹을 것과 서식처 등 베풀어 주는 것이 많이 있기 때문에 온갖 새들과 동물들이 숲으로 모이는 것입니다.

교만하지 않고, 겸손하면서, 어려운 친구를 아껴준다면 주위에는 친구들이 늘 많이 있을 것입니다. 그러나 반대로 나는 아는 것도 없고, 재미없는 사람이고, 공부도 못하고, 거기다가 또 이기주의여서 내 것은 절대로 남에게 베풀 줄도 모르는 사람이라면 누가 나를 좋아하겠습니까? 내가 어려운 처지가 되어도 내가 이제까지 베푼 일이 없으니 나의 처지를 호소할 데가 없고, 내 편이 되어 줄 사람이 없을 때 혼자 외롭게 살 것입니다. 내가 산이라면 어떻게 해야 숲이 우거져 새들에게 먹이도 베풀고 다른 동물들에게 살 곳도 제공하는 그런 산이 될 수 있을까를 생각해 보십시오.

첫째는 성실해야 합니다.

나에게 믿고 맡겨진 일은 차질 없이 완벽하게 처리하여 의무나 임무를 충실히 다하여 내 본분에 충실할 때 그것이 바로 성실입니다. 남이 시키는 일은 잘하면서도 제 공부는 안 하고 늘 반에서 뒤처져 있다면 누가 믿음을 갖겠습니까?

둘째는 부지런함입니다.

부지런히 배우고 일하는 모습은 언제나 아름답습니다. 공부는 안 하고 매일 게임방에 가서 게임만 하다 성적이 형편없게 뒤처지면 누가 나를 따르며, 게을러 몸도 깨끗이 씻지 않고 다니면 누가 좋아하겠습니까? 항상 부지런한 태도로 공부하고, 남는 시간은 학교 공부 이외의 유익한 책도 보고, 운동도 배워 힘과 지식을 갖춰야 합니다.

셋째는 겸손입니다.

내가 좀 안다고, 내가 운동해서 좀 힘이 있다고 남을 얕잡아 보거나 교만하면 되겠습니까? 나의 지식이 꼭 필요할 때는 겸손한 자세로 가르쳐 주고, 약한 친구가 곤경에 빠졌을 때는 의협심을 발휘해 구해주어야 합니다.

넷째는 베풀 줄 아는 사람이 되는 것입니다.

지식이 없는 사람에게는 무식하다고 비웃기보다는 내가 아는 것을 토대로 친절히 가르쳐 주고, 힘이 없는 사람에게는 나의 힘을 베풀어 강자로부터 보호해 주고, 노인이 무거운 것을 들고 가는 것을 보면 들어다 드리고, 경제적으로 어려운 사람에게는 내 능력 한도 내에서 도움을 주면 나의 삶은 우거진 숲처럼 될 것입니다. 온갖 동식물이 함께 즐거운 삶을 살아가듯이 나의 삶 또한 어려운 사람과의 어울림이 있어 즐겁고 보람된 안식처가 될 것입니다. 인간은 민둥산같이 혼자 살아가는 것보다는 우거진 숲과 같이 여럿이 어울려 살 때 훨씬 보람되고 능률적인 인생이 될 것입니다.

④ 노인이 나무를 심는 뜻

다음과 같이 전해오는 이야기가 있습니다.

노인이 과일나무를 심는데 젊은 사람이 지나다가 노인에게 말을 걸었습니다.

'노인장께서는 얼마나 사시려고 그 어린 묘목을 심으십니까? 그 묘목이 자라 열매를 맺으려면 적어도 10년은 걸릴 텐데요?' 하니까 노인께서 대답하시길 '물론 내 살아생전에 이 열매를 따 먹을 수 있겠나, 그러나 내가 못 먹더라도 자식 놈들이나 사랑스런 손주들은 먹지 않겠나. 내가 어렸을 때 어른들이 심어 놓은 과일 나무가 있어 그 어른들 덕분에 자라면서 잘 따먹었지 않은가?' 하고 대답하셨습니다.

그렇습니다. 노인께서는 자신을 위해서가 아닌 다음 세대를 위해서 미리 심어 놓는 것입니다. 나를 위해서가 아닌 남을 위한 생각은 얼마나 아름다운 생각입니까?

남을 배려하는 또 다른 이야기가 있습니다.

햇볕이 타오르듯이 이글거리는 날 몇 사람의 여행자가 사막을 걷고 있었습니다. 그들은 오래도록 뜨거운 사막을 걸어오면서 햇볕과 반사되는 지열로 갈증과 피로를 느끼며 물을 찾았습니다. 이윽고 그들은 몇 그루의 나무가 서 있고, 물이 나오는 오아시스를 발견하여 물을 마시려고 우물가에 갔습니다.

우물은 마중물로 펌프질을 해서 퍼 올리는 우물이었습니다. 물이 가득 담겨 있는 그릇에는 '이 물은 마시지 말고 펌프에 붓고 물을 끌어 올려서 물을 마시고 다시 채워놓으세요' 라고 적혀 있었습니다. 누군가가 다음에 올 사람을 위해서 계속 이렇게 전달되어서 오아시스의 물을 펌프질하여 먹을 수 있었던 것입니다. 나그네가 심한 갈증을 참고, 그릇에 담겨있는 물을 펌프에 부어 물을 길어 올려 마시고, 물을 마신 자신은 여기를 다시 안 올 수도 있지만, 물을 다시 그릇에 남겨 놓아 다음 사람들이 물을 마실 수 있도록 배려하는 마음이 얼마나 아름답습니까? 우리 사회에는 착하고 아름다운 사람들이 많이 있습니다. 그들 때문에 사회는 살아볼 만한 가치가 있는 세상입니다.

아주 오래 전에 TV에서 본 이야기입니다. 아프리카의 야산에는 주민들이 식용으로 사용하는 구근식물이 있습니다. 주민들은 이 구근을 캘 때 완전히 뽑아버리지 않고 제법 큰 것은 캐어 먹고(아마 야콘이 아닌가 생각합니다), 작은 것은 나중 사람들을 생각하여 다시 묻고 가는 것을 보았습니다. 우리가 통념적으로 미개한 나라라고 하는 사람들도 이렇게 할 줄 아는데 하물며 문화민족이라고 자부하는 우리는 어떤가요? 내 욕심대로 작은 물고기도 다 잡아 씨를 말리고 있지는 않은지, 공중도덕은 잘 지키고 있는지 다시 한 번 생각해 봐야 합니다.

우리말에 까치밥이라는 말이 있습니다. 감나무 열매인 빨간 감을 가을에 수확할 때 우리 선조들은 감나무에 있는 감을 모조리 따지 않고 까치밥이라 하여 항상 대여섯 개 정도는 남겨 두었습니다. 이유는 날짐승인 까치, 까마귀, 참새 등 각종 새들이 먹을 것이 없는 혹독한 겨울을 지낼 수 있도록 하기 위해서입니다. 실제로 눈이 많이 오거나, 바람이 매서운 추운 겨울에 집 앞마당에 있는 감나무에 달려 있는 감을 먹으러 오는 새들을 본 적이 있습니다. 어디 감뿐이겠습니까? 우리나라의 농민들은 농사를 짓고 수확할 때 작은 생명체들을 위해서 그들의 양식으로 조금씩 남겨 놓았습니다. 남을 생각하는 마음과 행동은 참 아름답습니다. 그런 분들이 많을수록 더욱 살기 좋은 세상이 됩니다.

성경에도 이런 말씀이 있습니다.

'너의 땅의 곡물을 벨 때에 너는 밭모퉁이까지 다 거두지 말고, 땅에 떨어진 이삭도 줍지 말라. 너의 포도원의 열매를 다 따지 말며, 너의 포도원에 떨어진 열매도 줍지 말라. 가난한 사람과 타국인을 위하여 버려두라.'(레위기 19:9-10)

⑤ 주인의식 - 네가 주인이다

우리는 너나 할 것 없이 모두가 다 한 가정의 구성원이 되고, 사회의 구성원이 되고, 회사의 일원이 되며 또한 국가의 구성원이 되는 것입니다. 그런데 이 구성원 한 사람 한 사람의 마음가짐과 태도에 따라서 그 가정, 회사, 사회, 또 국가의 장래가 크게 좌우되는 것입니다.

예로 회사의 한 사원을 생각할 때 어떤 직원은 나는 이 회사의 한 직원으로서 내가 월급 받는 만큼만 일해주면 된다 하는 식의 사람이 있는가 하면, 또 어떤 직원은 그럭저럭 세월만 가서 한 달이 되면 월급을 받게 된다고 하는 사람도 있을 것입니다. 또 어떤 직원은 나는 비록 이 회사의 직원이지만 이 회사는 내 생활의 근원이고 터전이다, 내가 최선을 다함으로써 이 회사가 크고, 이 회사가 잘됨으로써 나에게 돌아오는 이익도 그만큼 많아질 것이다, 하고 생각하는 사람도 있을 것입니다. 이렇게 나는 회사 방침에 끌려가는 것보다 오히려 내가 주인이라는 의식으로 회사의 선 직원이 혼연일체가 되면 아마 그 회사는 다른 회사보다도 급속한 발전을 하게 될 것이며 일하는 보람을 느끼게 될 것입니다.

전자의 경우는 아마도 다른 회사에서 보수를 조금 더 준다고 유혹하면 쉽사리 그리로 옮겨간 것이지만, 후자라면 나는 이 회사와 생사고락을 같이한다는 사명감으로 다른 곳보다 보수가 적다해도 회사를 배신하지 않을 것입니다. 회사의 작은 비품이라도 절약하여 쓸 것이며, 규정된 출근시간보다 일찍 출근하여 그날 할 일을 점검하고 퇴근할 때도 마지막으로 안전유무를 다 확인하고 퇴근할 것입니다.

내가 주인이라면 주인으로서의 권리가 있습니다. 그런데 주인으로서 남에게 부당한 대우를 받지 않기를 원한다면 주인으로서의 당연한 의무를 해야 합니다. 또한 남도 나와 똑같은 주인이라는 생각으로 그에게도 역시 나로 말미암아 피해를 주어서는 안 됩니다.

또 주인의 당당한 권리주장 이전의 주인이 취할 태도는 어떠합니까?

주인은 자기의 것을 아끼고 잘 보존하여 망가지지 않게 노력하며 적극적으로 열심히 일을 합니다. 만일 이 사회의 주인이라 생각할 때 우리의 세금으로 만들어진 공공건물은 나의 것과 똑같이 아껴 쓰게 될 것이고, 설령 나의 것이 아닌 남의 것도 나의 것과 같이 중히 여기고 깨끗이 쓰게 될 것입니다. 또 주인이 스스로 집에 서 소란을 피우지 않아야 남도 소란을 피우지 못하는 것이고, 남이 소란을 피울 때는 마땅히 이를 제지할 권리가 있는 것입니다.

학생 신분으로서도 그렇습니다. 나는 수백 수천 명이 되는 이 학교의 학생 중에서 있어도 그만 없어도 그만인 학생이 아니라 이 학교의 주인이다, 그리고 이 학교는 내가 알지 못하는 것을 가르쳐 주기 위해서 있다고 생각할 때 학교에 대한 생각이 달라질 것입니다.

학교에서 한 가지라도 더 배우기 위해서 더욱 열심이고, 하루라도 결석하지 않으려 할 것이며, 학교의 모든 건물이며 운동장이나 화단 기타의 모든 설치물들도 다 나를 위해서 있는 것이니, 최대한 활용하면서도 망가지지 않게 조심과 정성을 다할 것입니다. 이런 생각으로 학교를 마치고 사회에 진출한 사람은 적극적이고 능동적으로 자신이

하는 일에 보람을 갖고 할 것이며, 그렇지 않은 사람은 의욕을 잃고 이 길 저 길을 방황하게 되며, 몇 년 후에는 똑같은 수준에서 출발했던 사람과 비교해 볼 때 엄청난 차이를 느끼게 될 것입니다.

이 세상은 여러분을 위해서 존재하는 것입니다. 즉 여러분이 이 세상의 주인입니다. 우리 모두가 다 같이 주인의식으로 사회의 모든 것을 아끼고, 적극적이고 능동적으로 참여할 때 우리 사회는 더욱 빨리 발전할 것이고 더욱 살기 좋은 사회가 될 것입니다.

⁎⁎ 나는 이웃이나 친구들과 잘 어울리기 위해 어떤 일을 하였는가를 생각해보고 앞으로는 어떻게 할 것인가를 생각해 보세요.

4. 원수를 맺지 마라

'나의 성공이나 성취를 위해 남에게 부당한 피해를 주어 원한을 맺지 마라.'

피해를 본 사람들의 원한이 커서 그에 대한 두려움이나 걱정이 떠나지 않는다면 항상 불안 속에 살 것입니다. 법을 잘 지키면 아침 일어날 때 즐겁다고 했습니다.

장자님 말씀에 남의 잘못을 용서하고 은혜를 베풀면 감복하여 돌아온다고 하였습니다. 나에게 좋은 일을 하는 사람만 아니라 나쁜 일을 하는 사람에게도 나는 항상 좋은 일을 하도록 노력해야 합니다. 나는 상대방에게 나쁘게 안 했는데 상대방이 내게 나쁘게 하겠는가 하면서 관용을 베풀고 섭섭한 마음을 갖지 않도록 하면 누가 내게 나쁘게 하겠느냐고 하였습니다.

《경행록》에도 '은혜와 의리를 널리 베풀어라. 살면서 어느 곳에선들 만나지 않겠는가? 원수를 맺지 않도록 조심하라. 원수를 좁은 길에서 만나면 피할 수도 없다.' 라고 하였습니다. 그래서 원수는 외나무다리에서 만난다는 속담도 있습니다.

요즘 세상에는 자기밖에 모르는 사람이 너무 많아 이웃과의 유대관계가 없어지고 자기에게 조금이라도 손해가 나면 꼭 앙갚음을 하려하니 더욱더 남에게 나쁜 감정을 갖지 않도록 해야겠습니다.

5. 노후준비

　자투리 시간이나 여가를 아무 의미 없이 흘려보내지 말고 조금씩이라도 뭔가를 꾸준히 배우면 인생을 풍성하고 즐겁게 살 수 있습니다.

　오늘날 의학의 발달은 인간의 수명을 20~30년은 연장시켰습니다. 정년을 채우고 퇴직을 하고서도 20~30년을 더 사는 것이 일반화 되었습니다. 퇴직 후의 노년기를 어떻게 살아야 하는 문제가 사회적인 문제가 되면서 노후준비에 관심이 많아지고 있습니다.

　대부분의 사람들이 생각하는 노후 준비는 사용할 돈만을 생각하는 경향이 많습니다. 물론 살아가는 데 있어서 제일 필요한 것이 돈이기 때문에 연금이나 예금한 돈을 여유가 있도록 준비를 해야 되겠습니다. 그런데 돈에 못지않게 노후 생활을 풍요롭고 행복하게 즐기기 위해서 준비해야 힐 또 하나는 돈 이외에 다양한 취미생활입니다. 붓글씨, 수묵화 그림그리기, 악기를 다루는 법은 노후 생활을 하는 데 있어서 직업도 없이 살아가는 노년의 삶을 지루하지 않고 즐겁게 지낼 수 있게 해 줄 것입니다. 한 달에 한두 번 자식들에게 손주들을 데리고 오라하여 아코디언을 연주하며 자식, 며느리, 사위 손주들과 함께 노래를 부르면 얼마나 멋지겠나 생각해봅니다. '나의 살던 고향은 꽃피는 산골…, 사랑은 언제나 오래 참고 사랑은 언제나 온유하며 사랑은 시기하지 않으며…' 등을 부르며 지낼 노년의 한때를 생각해봅니다. 또한 젊었을 때 못다 읽은 고전을 읽는다거나, 아니면 좋아하고 관심 있는 분야의 책을 구입하여 읽는다면 보다 나은 노후를 보낼 수 있을 것입니다. 손주들이 할아버지한테 인사 오면 좋은 이야기 들려 줄 재료도 되고….

돈이 아무리 많아도 지식이 없으면 매일 경로당에 가서 화투를 치거나, 장기를 두거나, 바둑을 두고, 그러다보면 옷에 담배냄새, 술냄새에 찌들어 집에 늦게 들어오고, 그러면 누가 반가워할까? 자문해봅니다.

노후에 여행을 자주 가는 것도 체력적으로 문제가 있어 쉬운 일이 아닐 것입니다. 따라서 다양한 취미를 개발하여 프로는 아닐지라도 아마추어로서 시간 있을 때 혼자 또는 친구들과 어울려 즐길 수 있을 것이라 생각하여 미리 배워 놓으면 좋을 것입니다.

노후를 위해서 일주일에 1~2시간 투자를 하는 것도 좋을 것입니다. 중간중간 잘하는 사람의 지도를 받으면서 배우면 더욱 쉽고, 그렇게 4, 5년을 계속하다보면 여러분이 대학에서 공부한 이상의 능력을 갖게 될 수도 있습니다. 물론 여기에 빠져서는 안 될 또 하나의 노후 준비는 건강입니다. 건강하지 못하면 자신은 물론 온 가족에게 정말 어려운 짐이 될 수도 있습니다. 자신과 가족을 위해서도 건강을 위해서 적당한 운동과 음식물 섭취를 건강에 어긋나지 않게 하는 것 또한 취미생활을 준비하는 것 이상으로 중요합니다. 그러기 위해서는 지나친 음주나 건강에 해로운 식품은 당연히 멀리하고 어려서부터 건강을 위해 음식을 골고루 섭취해야 합니다. 나이가 들수록 건강이 더욱 중요함을 깨닫게 될 것입니다.

6. 가정은 이 세상에서 자신이 만든 최상의 작품

자신의 삶은 자신이 마음먹고 실천하는 대로 이루어집니다.

명품이란 무엇일까요? 내가 생각하는 명품은 가방도 아니고, 옷도 아니고, 그렇다고 신발도 아닙니다. 명품은 내게는 별 소득이 없으며 명품 가방점 주인이나 명품 옷가게 주인에게 장사시켜 주는 것이지 나에게는 아무것도 아닙니다. 비싼 명품 가방에 돈을 넣고 다니면 돈이 새끼 치는 것도 아니고 그렇다고 더 안전한 것도 아니며, 여러 사람들의 주목을 받게 되어 오히려 더 위험할 것입니다.

무엇이 명품일까요?

인류가 만든 최고의 명품은 문자와 책이라고 생각합니다. 반면 개인이 이 세상에 태어나서 만든 최고의 작품은 무엇일까요. 자기가 직접 설계하고 지은 건축이나 사는 집일까요? 자기가 힘들여 창업하고 일군 기업일까요? 물론 자기가 한 일들은 모두가 다 중요하고 참으로 값진 것들입니다. 그 중에서도 제일 중요한 작품으로 생각한다면 가정이 그 사람의 최고의 작품일 것이라고 생각합니다. 가정은 지친 몸을 부담 없이 편안히 설 수 있고, 신정한 의미의 기쁨과 즐거움, 사랑을 주고받을 수 있는 사랑하는 가족들이 있는 나의 가정이야 말로 최고의 명품입니다.

큰 저택이나 최현대식 주택이 아닐지라도 나를 사랑으로 키워주고 걱정해주시는 부모님이 계신 곳, 나에게 몸을 아끼지 않고 사랑해주는 부인이 있는 곳, 사랑스런 자식들과 함께 편안히 사는 곳이 바로 지상 최대의 낙원 가정인 것입니다. 이러한 가정이 최고의 지상낙원이 되기 위해서는 가족구성원 각자가 가족으로서의 본분을 다해야 해야 합니다. 아버지는 아버지의 본분과 역할을 충실히 다하고, 어머니는 어머니로서의 자리를, 자녀들은 자녀로서의 본분과 책임을 다한다면, 집이 크고 작음과 돈이 많고 적음이 아니라 하더라도 가족구성원 모두가 노력하고 서로 이해하고 사랑한다면 가정이 지상 최고의 낙원이요 명품인 것입니다.

가족을 위해서 열심히 일하시는 자상한 아버지, 집안을 깨끗하게 정돈하고 맛있는 음식을 장만하여 챙겨주고 사랑을 주시는 어머니, 자녀들이 학생이라면 큰 이상을 품고 공부를 열심히 하여 건강하고 건전하게 자라주는 자녀라면 이러한 가정이야 말로 최고의 명품가정이고 행복한 가정입니다.

반면에 아버지는 매일 술이나 마시고 도박에 빠져서 가정을 돌보지 않는다거나, 어머니는 본분에 충실하지 않고, 분에 넘치게 소위 말하는 명품 가방, 명품 신발, 명품 옷 등을 걸치고, 집에는 부채가 늘든 말든 신경도 안 쓰고, 자식들은 매일 게임이나 오락에 빠져 헤어나지 못하는 가정이라면 그 가정은 낙원이나 휴식처가 아닌 바람 잘 날 없는 화약고나 다름없을 것입니다.

가정을 지상낙원으로 가꾸고 유지하는 것은 절대로 어려운 일이 아닙니다. 가족구성원들이 각자의 본분에 충실하고, 열심히 노력하고,

온가족이 화합하고, 가족 여러분이 지상낙원으로 이끌어가도록 노력할 때 명품가정이 되는 것입니다.

가정을 최고의 작품으로 만들고 유지하기 위해서는 참는 것(忍; 참을 인)을 실행해야 합니다. 어려워도 참고 화가 나도 참고 싫어도 참고… 무조건 참아야 합니다. 서로 사랑하고 존중하면서 어려운 일이 있어도 가족을 위해 내가 희생하는 마음으로 참고 노력하는 가정은 지상 최고의 작품이며 낙원입니다.

7. 태백산 등성이의 빗물

태백산에 비가 내립니다. 계곡에도 산등성이에도 내립니다. 산등성이 넓은 곳에 내린 비는 저희들끼리 모여 이리저리 빙빙 돌면서 놀다가 어떤 빗방울은 갑자기 등성이의 왼쪽으로 빠져 흐르고, 어떤 빗방울은 순간적으로 오른쪽으로 빠져 흘러갑니다. 계곡을 따라 흐르던 빗방울은 땅속으로 스며들어 동쪽 지하수로 흐르는 것도 있고 서쪽으로 흐르는 빗방울도 있습니다. 그런데 많은 시간이 흐른 후 같은 곳에서 함께 놀던 빗방울들이 순간적인 선택으로 일부는 서해바다에서, 또 일부는 동해바다에서 놀고 있었습니다.

여러분도 같은 학교에서 공부하고 놀던 친구들이 어떤 선택을 하느냐에 따라 30~40년 후에는 서해 바닷물과 동해 바닷물처럼 전혀 다른 위치에서 살아갈 것입니다. 처음에는 다 같은 친구로 정도의 차이는 있지만 모두가 비슷하여 학교생활이나 성적도 비슷했을 것입니다. 그러나 여러분이 자라면서 생각하는 것과 생활습관에서 차이가 나기 시작합니다. 어떤 학생은 과학에 뜻을 두고 목표를 세우고, 어떤 학생은 문학에 뜻을 두어 문학가를 꿈을 꾸고, 어떤 학생은 예능으로 지향하는 바가 아주 다릅니다.

각자의 생각과 하고자 하는 바가 다르니 20~40년 후의 여러분들의 모습은 동해바다의 물과 서해바다의 물과 같이 전혀 다른 길을 걷고 있을 것입니다. 어떤 사람은 훌륭한 과학자가 되고 어떤 사람은 정치가가 되고 어떤 사람은 기업가가 되고 어떤 사람은 그냥 고향에서 농사를 지으면서 사는 사람도 있을 것입니다. 같은 학교에서, 같은 반에서 엇비슷하던 학생들이 서로 다른 위치에서 생각하고 생활하면서 미래를 선택한 결과입니다.

여러분도 확실한 목표와 계획을 세워서 사회와 조국을 위해, 사회와 조국이 필요로 하는 일을 할 수 있는 훌륭한 큰 능력이 있는 사람이 되길 바랍니다.

8. 확실한 목표와 높은 이상을 가져라

높은 이상을 세우십시오. 그리고 높은 이상을 실현하기 위해서는 세밀한 계획을 세우고 피눈물 나는 노력을 하여야 달성할 수 있습니다. 이상과 목표는 학생들뿐 아니라 직장인, 주부, 경영인 등이 세우는 이상과 목표도 있습니다. 큰 목표와 이상을 세우고 단계적이고 세부적인 계획을 세워서 오늘 일을 내일로 미루지 말고 그날 일을 그날로 하면 목표와 이상은 성취될 것입니다.

이상은 실현하기 위해서 설정하는 것입니다. 만일 이상만 세우고 노력을 하지 않거나, 게을리 하여 실현하지 못하였다면 망상에 불과합니다. 이상을 세우면 피눈물 나게 노력하여 달성해야지 게을리 하여 성취하지 못할 것이라면 시간만 낭비하는 것입니다.

어렵고 좌절할 때마다 이상이 실현됐을 때를 생각하고, 성공한 사람들의 영광을 생각하며 노력해 보십시오. 꼭 실현하겠다는 의지와 목표와 계획이 잘 된 사람은 24시간이 부족할 것이고, 목표와 계획이 없거나 잘 안 된 사람은 24시간이 지루할 정도로 길고 여유가 있을 것입니다. 목표와 단기계획, 중기계획, 장기계획으로 나누어 세밀하게 설계하십시오. 안중근의사도 사람이 멀리 보고 계획을 세우지 않으면 큰일을 할 수 없다고 하지 않았습니까?

9. 비상식적인 거래는 하지마라

살다보면 여러 형태의 거래를 하게 됩니다.

경기가 어려울수록 정상적인 거래보다는 비정상적인 거래의 유혹을 많이 받을 것입니다. 상식적으로 이해 할 수 없는 이익이나 이윤을 제공하면서 거래를 유도하거나 제안해오기도 합니다. 그러나 이와 같은 거래는 대부분이 사기일 가능성이 많습니다. 과한 욕심에서 어리석음을 범하고 사기를 당하는 것입니다.

사기꾼은 사람의 욕심을 이용해 접근해 오기 때문에 항상 조심해야 할 것입니다. 마음을 비워 지나친 욕심을 부리지 말고 합리적인 생각을 한다면 어리석은 잘못을 범하지 않을 것입니다. 또한 불합리하거나 비도덕적인 거래는 냉정하게 끊어 버려야 손해를 안 봅니다.

10. 오늘 할 일을 내일로 미루지 마라

일에는 오늘 할 일이 있고 내일 할 일이 있습니다.

일을 잘하고자 한다면 그날 할 일은 계획을 세웠거나 당연히 해야 할 일이거든 미루지 말고 그날 꼭 해야 합니다. 봄에 뿌릴 씨앗을 여름에 뿌리면 제대로 자라지 못해 가을에 열매를 맺을 수 있겠습니까? 가을에 수확해야 할 곡식을 미루고 미루다가 가을바람에 다 쏟아진 곡식을 겨울에 수확한다면 빈껍데기만 남아 있을 것입니다.

중요한 시험이 있는데 평소 공부를 안 하다가 당일치기로 공부하면 좋은 성적이 나오겠습니까? 상급학교 입학시험을 1학년 처음부터 열심히 공부해야지 실컷 놀다가 시험보기 한 달 전에 공부해서 좋은 성적이 나오겠습니까?

때를 놓치지 말고 힘써 노력하세요. 시간은 돈으로 살 수 없는 귀한 것입니다. 시기를 놓친 후에 아무리 후회하고 그때서 노력해야 아무 소용이 없습니다.

11. 성지순례

*이 글은 지은이의 실제 이야기입니다. -편집자 주

다음 주 일요일(2011년 9월4일)에 집안 종친들과 같이 모여서 함께 금초를 하기로 하였지만 나는 일주일 먼저 조부모님과 부모님 산소에 금초를 하러갔다. 어떤 이들은 금초를 용역을 주어 부탁한다고 하는데, 나는 엄연히 자손들이 멀쩡히 살아 있는데 용역을 주는 것은 도리가 아니라 생각하고 직접 금초를 하기로 하였다.

금초를 마치고 할아버님, 할머님께서 우리를 키우시느라 다니셨던 광천시장까지 한번 걸어 가 볼 생각으로 계획을 잡았다. 아버님은 일찍부터 편찮으셔서 젊으신 연세에 돌아가셔서 거의 할머니 할아버님께서 우리를 키우셨다.

우리들 학비를 마련하시기 위해 참외나 수박 기타 채소 등을 팔아야 하셨던 할아버님, 할머님. 팔아보아야 얼마 되지 않아도 애써 키워 좋은 것들은 하나도 잡숫지 않으시고 한 푼이라도 더 장만하시고자 무겁게 지게에 지시고 나니셨던 광천시장이었다.

자신들을 위해서는 먹는 것도 입는 것도 늘 아까워하시고 오직 자손들을 위해서는 힘들어도 힘들다 하지 않으시고 당신들의 몸과 마음을 다하여 희생하셨던 할아버지 할머님의 크신 사랑이 생활에 힘이 들수록 자꾸만 더욱 그리워진다. 할머니 할아버지 품에서 아무 걱정 없이 그저 공부하고 싶으면 하고, 또 할머니 할아버지께서는 그것을 대견스러워 좋아하시던 모습이 지금도 눈에 선하다.

내가 부채로 몹시 어려웠던 때가 약 10여 년이나 있었다. 그때는 정말 정신적으로도 육체적으로도 몹시 어려웠었다. 그러나 나는 그럴 때마다 우리 할머니 할아버지께서는 나를 좀더 강인한 사람으로 만드시느라 그런 것이지 절대로 나를 버리지 않으시고 곧 나를 이 어려운 처지에서 구해주실 것을 믿었다. 다만 나는 '할머니 할아버지 제가 비록 힘든 상황이지만 순간적으로 잘못된 생각에 할머니 할아버지께 불효를 저지르지 않게 제 마음을 바로잡아 주십시오.' 하고 마음속으로 자주 기도를 드렸었다. 그런 생각에서인지 나는 흔들림 없이 어려움을 잘 극복했다고 생각한다.

혼자서 금초를 하는데 처음 하려니 잘 되지 않아 힘이 들었다. 하지만 나는 정성을 다하는 것이 의미 있는 것이라고 생각하면서 열심히 하고 있는데 아뿔싸! 예초기가 고장나는 것이 아닌가. 어쩔 수 없이 중간에 금초를 마치고 예정했던 광천시장으로 도보 순례를 떠나기 위해 고향에 사시는 6촌 형님 댁에 예초기를 맡기고 오후 3시 20분쯤 광천시장으로 출발했다. 옛날부터 고향 어른들은 고향인 양사리 샘재에서 광천까지의 거리를 대략 40리(16km) 길로 잡고 교통이 불편하던 때라 대부분 걸어서 다니셨다.

나는 광천까지 걸어서 약 두어 시간이면 가겠지 생각하고 가급적 새로 난 지름길이 아닌 할아버님께서 다니시던 옛길로 걷기로 하고 출발하였다.

　반계에 오니 이정표에 광천까지 거리가 13km라고 씌어있다. 반계는 내가 다닌 중학교(지금은 폐교)가 있던 곳이었지만 길도 변하고 다리도 새로 놓고 하여 모든 것이 낯설었다. 옛날 집에서 내가 다니던 학교까지의 거리가 5리(2km)가 조금 넘는 것으로 계산하고 다녔으니 아마도 지금까지 3km 쯤 걸었는가 보다.

　지금은 모든 길이 아스팔트로 포장이 되어서 걷기가 좋지만 옛날 할아버님께서 장에 다니실 때는 신작로 길이라 비가 오면 길이 빗물에 파이는 것을 막기 위해 자갈을 길 위에 깔아서 걷기가 불편하던 때였다. 신작로 길은 우리가 어려서도 있었으며, 아스팔트로 포장된 것은 약 30여 년 전이다. 당시에는 발에 신는 신으로 고무신을 신고 다녔는데 고무신을 신고 신작로 길을 걸으면 발바닥이 무척 아프고 힘이 들었다. 지금이야 등산화 또는 작업화 같은 좋은 신들이 많이 있지만 그 당시에는 주로 고무신을 신고 다녔다.

　포장도로를 튼튼한 운동화를 신고 걷고 있는데도 벌써 엉덩이가 아파오고 다리 정강이가 땅겨 왔다. 매일 약국에서만 있어 오래 걷는 데 익숙하지 않고, 또 벌초하느라 힘이 들어서도 그렇겠지만, 어쨌든 불과 5리(2km)를 조금 더 걸었는데 벌써 지쳐온다.

　나는 맨몸으로 걷는 데도 이렇게 힘이 드는데, 할아버님께서는 수박, 참외, 쌀, 기타 채소, 아마 적어도 80~90kg이 넘는 짐을 지게에 지시고 울퉁불퉁한 자갈이 깔려 있는 신작로 길을 얇은 고무신에 의지한 채, 당신 자신이 아닌 자손들을 위해서 걷는 이 걸음이 얼마나 힘드셨을까를 생각하면서 뒤도 안 돌아보고 부지런히 걸었다. 목이 바싹바싹 마르고 입가에는 태가 잔뜩 끼고, 입에서는 단내가 나면서 갈증이 났다. 사실 물 먹을 곳도 없었지만, 할아버님은 얼마나 어려우셨을까? 지금이나 그 당시에나 물 한 모금 마시고 쉴 곳이 없어 그냥 참고 휴! 소리를 내시면서 가시는 할아버님의 모습이 선연히 떠올랐다.

한참을 가다 보니 길가에 근래에 생긴 듯한 작은 가게가 하나 보였다. 그러나 당시의 할아버님을 생각하고, 얼마나 어려운 고행이었는가를 체험하기 위해 그냥 지나치고 광천에 빨리 도착하려고 발걸음을 재촉하였다.

광천에 가서 시원한 요구르트나 한 열 개 사서 마시자 생각하고 걸음을 서둘러 재촉하니 반계에서부터 아파오던 엉덩이와 정강이의 땅김이 심해지고 종아리도 뻣뻣하게 더욱 땅겨왔다. 할아버님 감사합니다, 할아버님 감사합니다를 연발하면서 걸음을 재촉하여 드디어 장곡이란 곳에 도착했다. 장곡에 오면 광천에 거의 다 온 줄로 생각했는데 이게 웬걸, 이정표에 광천까지의 거리가 8km라고 가리키고 있어서 맥이 탁 풀리는 기분이었다.

너무 어렵고 힘이 들어서 광천으로 가는 차가 있으면 타고 가고 싶은 생각도 간절하였으나 할아버님의 어려우셨을 것을 체험하고자 시작한 일이라 꾹 참고 연신 할아버님 감사합니다, 할아버님 얼마나 어려우셨습니까를 되뇌며, 살아생전에 잘 보살펴 드리지 못한 죄책감이 자꾸만 심장을 파고들었다.

아무리 가도 가도 끝이 없다. 지금이 몇 시인지 시계가 없어 알지 못한 채 그저 그냥 기계적으로 걷기만 할 뿐이다. 입술은 마르다 못해 갈라질 정도다. 바싹 마른 혀로 입술을 적셔 보았지만 버석버석하다. 멀리 산모퉁이가 나타났다. 아! 저 산모퉁이를 지나면 광천이겠지 하는 희망으로 부지런히 걸어서 산모퉁이를 돌아보면, 또 끝없는 도로가 시원스레(?) 앞에 쭉 깔려 있는 것이 아닌가. 또 하나의 산모퉁이가 보여서 이제는 거의 다 왔겠구나 하고 산모퉁이를 돌아보면, 산모퉁이가 또 나온다.

나는 중학교를 반계에 있던 분교로 다녔기 때문에 졸업식을 광천 본교에서 하였다. 하필 졸업식 날 눈이 엄청나게 많이 와서 자주 있지도 않던 차들이었지만 모든 교통수단이 두절되어 선생님 두 분과 졸업 예정된 학생, 약 30명 정도가 광천에 있는 본교까지 걸어서 간 일이 있었다. 그때는 여럿이 이야기하고, 또 눈에 미끄럼도 타며 걷느라 지루한 줄 모르고 갔던 기억이 아직도 생생하다. 반계에 있는 학교에서 9시경에 출발하여 광천에 있는 본교에 1시가 넘어 도착하였는데, 이미 졸업식이 다 끝난 뒤에 도착했던 것으로 기억된다.

물론 지금은 혼자 걷고 있지만 엉덩이도 아프고 다리도 땅겨오고, 목이 말라 입언저리에 태가 끼어 지저분한 것을 누군가 볼세라 그저 부지런히 걷고 또 걸었다. 지나가는 사람에게 광천에 도착하려면 얼마나 더 가야 되는지를 묻고 싶었지만, 묻기도 귀찮고, 물어 안다고 광천이 더 다가오는 것도 아니고, 또 땀과 입 주위에 가득 끼인 태로 지저분한 모습이 부끄러워 그냥 지나쳐 걸었다.

할아버님, 할머님 감사합니다. 당신들께선 이 어려운 고행의 길을 추울 때나 더울 때나, 광천에 장이 서는 날마다 저희들을 위해 다니셔서 오늘날 저희들이 있게 되었습니다. 할아버님, 할머님 고맙습니다. 가슴이 아리하게 저며 왔다.

어른들은 한 자식을 낳으면 그 자식이 독립하여 제가 밥벌이하기까지 적어도 25년 내지 30년을 조건 없이 키우셔서 스스로 살아갈 수 있게 해 주신다. 그것도 두 분이서 여러 자식들을 정성을 다해 키워 주시건만 요즘의 자식과 며느리들은 부모님을 안 모시겠다고 다툼을 한다. 옛날에 비하면 경제적으로는 훨씬 부유해졌고, 집도 구조적으로는 방의 개수가 여유가 있고, 시간적으로도 모실 수 있는 여유가 되는 데도 귀찮고 더러워서 못 모시겠다고 이우성이다.

이렇게 처음으로 그분들의 고통을 직접 체험하면서, 어렸을 때는 나의 능력 밖이라서 못하였지만 장성한 후 할 수 있을 때 좀더 잘 해드리지 못한 것이 못내 가슴이 아프다.

우리는 일 년에 한 번 뿐인 어른들을 추모하며 감사드리는 제사도 귀찮아서 정성을 다하지 않고 우리들 편리한 대로 형식에 그치는 것이 아닌가 하고 갑자기 죄스러운 생각이 들었다.

내가 30세에 결혼하여 분가하였으니 나를 30년이나 키워주신 어른들이시다. 내가 사랑채에서 공부한답시고 책상에 앉아 있을 때 할아버지께서는 광천시장에 물건을 파시고는 점심값도 아까워 그냥 발길을 돌려 허기진 배를 참으시고 오시면, 할머님께서 뭐 좀 간단하게라도 요기를 하고 오시지 그랬어요, 하시면서 주고받으시던 대화가 기억난다. 어른들 스스로가 아니면 누구 한 사람 보탬 받을 곳이 없으시니 자신들을 위해서는 한 푼도 안 쓰시고 오히려 굶고 아끼셔서 우리들 키우시는 데 모든 것을 충당하셨다. 생각할수록 가슴이 자꾸 아려온다. 얼마나 배고파 허기지셨을까 생각하니 가슴이 아프다.

할아버님 할머님 감사합니다!

긴긴 여름 해가 서산마루에 걸려 있는가 싶더니 어느새 곤두박질하듯 산 아래로 숨어버려 해는 저물었지만 아직 훤하다. 이제 광천에 다 왔나 보다. 민가가 운집해 나타나고, 조금 더 걸으니 가게들이 보이기 시작한다.

나는 천안에 가는 기차시간표가 어찌 되는가 싶어 서둘러 걸음을 재촉하여 광천역에 도착하니, 막차가 들어온다면서 빨리 표를 사라고 한다. 시간을 보니 여섯시 오십 분 정도가 되었다. 다리는 천근만근이나 되는 듯 무겁고 땅기고 아프다.

내가 고향에서 광천까지 걷는 데 세 시간 반 정도의 시간이 걸린 셈이다. 할아버님, 할머님이셨다면 광천에서 집으로 돌아가시려면 잡 수시지도 못하고, 지치신 몸을 이끌고 세 시간 반 정도의 시간을 또 걸어서, 그리고 빈 지게라지만 그것도 20여kg 정도 되는 짐을 지고 가셔야하지 않겠는가? 맨 몸으로도 어렵고 힘이 드는 곳을 거의 장날마다 다니시느라 얼마나 고생이 심하셨을까를 생각하니 마음이 마구 흐느껴졌다.

요즘 우리는 어른들께서 자손들을 위해 베푸신 고생과 땀의 대가로 물질이 풍족하여 힘들여 일하지 않아도 먹을 것이 풍족하니 어려움을 모르고 자라, 끈질김과 어려움을 극복하여 성취하려는 것보다, 일이 잘 안 풀리면 쉽게 포기하고, 좌절 내지는 절망하여 일에 대한 도전 정신이나 성취 의욕이 없고, 아주 무기력해지고 있지나 않나 걱정이 된다. 그래서 나는 앞으로 나의 자식들과 조카들, 사촌들뿐 아니라 뜻있는 집안 종친들이 매년 8월 15일에는 이 사업을 성지순례라 이름하여 우리들의 조부모님과 부모님들께서 우리들을 키우시느라 겪으셨던 고통을 우리도 직접 체험하고 그렇게 해서 어른들이 우리에게 베푸신 큰 사랑이 어떤 것이었는가를 마음 깊이 깨달으며 고마움을 느끼게 하기 위해 이 길을 함께 걸으며, 또한 이 힘든 길을 걸어봄으로써 후손들에게 강인한 정신을 키워주는 것이 어떨까하고 제안해 본다.

12. 다시 학생이 된다면

어려서 학교 다닐 때는 꿈도 많고 욕심도 많았습니다. 시골의 분교중학교, 그것도 선생님이 네 분이다가 어떤 때는 두 분께서 전 과목을 가르쳐주시던 시골 중학교에서 당시 서울에 있는 3대 공립고등학교라는 학교에 입학하여 다녔습니다.

가끔 언뜻 언뜻 내가 다시 학생이 된다면 하고 후회스럽게 생각되는 때가 있고, 한편으로는 나같이 젊은 시절을 헛되이 보내지 말고 정말로 보람된 학창생활을 하기를 바랍니다.

꼭 일등은 아니더라도 공부를 능률적으로 하기 위해서는 내 나름 최고의 목표를 정하고, 하루의 계획과, 일주일의 계획과, 한 달의 계획으로 생활계획표를 짜고 실천하여 예습과 복습을 충실히 해야 합니다. 내가 시골 중학교에서 과외 한 번 받지 않고 당시 우리나라 일류고등학교라고 하는 학교에 입학할 수 있었던 것은 그때 한 선생님으로부터 이런 공부법을 듣고 철저히 실천하였기 때문이 아니었던가 생각합니다. 만일 내가 다시 학생이 된다면 학교에서 돌아오면 샤워를 하고 맑은 정신에서 복습을 하고 일찍 자고 새벽에 일어나 예습을 하고, 책은 한 권을 선택하면 적어도 6내지 7번은 통독을 합니다. 실제로 아둔한 나이지만 이제까지의 경험으로 볼 때 처음 3번째까지는 읽어도 내용이 무엇인지 잘 모르나 4번째 읽으면 그때부터는 내용을 알게 되고 적어도 5내지 6번을 읽으면 체계가 잡혀 머릿속에 들어오게 됩니다. 이것저것 여러 가지 책만 많이 사놓고 안 보거나 한두 번 보고 말아서는 안 됩니다. 남의 말에 현혹되지 말고 있는 책을 여러 번 정성들여 통독하면 됩니다. 독서백편(讀書百篇)이면 의자현(意自見)이라고 했습니다. 책을 여러 번 읽으면 뜻이 저절로 통한다는 뜻이지요.

방학 때는 외국어 공부와 독서를 많이 하고 부족한 과목을 보강할 것입니다.

매일은 아니더라도 일주일에 한 번씩은 가벼운 악기를 배워 친구들과 여행 갔을 때 같이 어울릴 수 있는 공부벌레가 아닌 재미있는 친구가 되고 싶습니다.

또한 아무리 재능이 많아도 건강이 안 좋으면 뭐하겠습니까? 건강을 위해서 태권도를 배우고, 활쏘기로 집중력을 높이는 훈련을 하고, 아침에 10~20분 정도 조깅을 꾸준히 해서 체력을 단련합니다.

방학 때는 외국어와 독서 외에도 한 가지씩 색다른 체험을 하고 싶습니다. 내가 방학 때는 시골집에 가서 할아버지와 할머니께서 농사 짓는 것을 도와드리고 하다 보니 다른 것은 할 엄두나 시간이 없었습니다. 그러나 이제 다시 방학이 있어 시간이 된다면 한 가지 외국어를 집중적으로 하고 일주일이나 십일 정도는 새로운 것을 체험할 수 있는 시간으로 갖고 싶습니다. 예를 들어 해병대 입소 체험, 여행 및 봉사활동, 국토순례 등을 체험하여 끈기와 인내로 얻은 성취감을 깨닫고, 가급적 학생들이 참여하는 여러 행사에도 참여하고 싶습니다. 특히 국제 학생 세미나가 있으면 그런 데도 참여하고 싶습니다. 그렇게 하려면 영어나 독서를 많이 해서 교양을 많이 쌓아야겠지요.

　세상은 내가 능력이 있으면 참 즐겁고 재미있는 곳입니다. 내가 젊어서 공부하는 데 고생하였으면 나중에 즐겁고, 일찍이 공부 안 하고 즐거웠으면 나중에 괴로움을 겪는다는 것을 요즘에야 깨달았습니다.

　'젊은 자녀들아! 큰 이상을 품고 노력하라!'

　뜻이 있는 자는 성취할 것입니다.

13. 선의의 경쟁은 서로를 발전시킨다

어느 학생의 어머니에게서 들은 이야기입니다.

초등학교 들어갈 때까지 '가나다라' 한 번 안 가르쳐 보냈답니다. 그러니 들어가서 처음 받아 오는 시험 점수는 크게 좋은 성적은 아니고 60~70점 정도로 그냥 배우는 것을 이해하는 정도였다고 합니다.

그런데 학년이 올라가면서 이제까지 몰랐던 것을 학교에서 배워서 알게 되는 것이 재미가 있었나 봅니다. 산수공부도 그렇고, 학교 들어가기 전까지는 글을 전혀 몰랐으나 책속에 즐거운 이야기들이 있는 것을 모르다가 글자도 배워 재미있는 이야기도 읽을 수 있고 하여 공부에 취미를 붙이더니, 어느덧 스스로 최상위권에 올랐습니다. 그러더니 욕심이 더 생겼는지 어느날 우연히 책상을 보니 책상 앞에 '지금도 00는 공부하고 있다. 더욱 정신 차려 공부하자!'하는 글을 써 놓고 공부하더랍니다. 제 스스로 상위권에 올라간 후로는 떨어지지 않으려는 자존심으로 계속 공부하여 과외나 특별지도 없이도 계속 최상위권을 유지하더랍니다.

이 이야기를 하는 것은 뚜렷한 목표와 선의의 경쟁자들을 마음속에 정하고 노력하면 아무 목표나 경쟁 없이 혼자서 적당히 하는 것보다는 훨씬 더 좋은 성과를 낼 수 있다는 것을 들려주려는 것입니다.

친구끼리의 선의의 경쟁은 좋은 일입니다. 꼭 공부만이 아니더라도 서로가 상대방의 좋은 장점을 보고 배우면서, 스스로에게 채찍을 들면서 하는 노력이 서로의 발전을 가져오니까요. 그러나 이것은 어디까지나 선의의 경쟁이어야지 어떤 시기나 질투 또는 감정이 들어가서는 안 되고, 또 열등의식도 금물입니다. 항상 서로를 칭찬하면서, 또 격려하면서, 상대방에 떳떳하고, 정정당당하게 해야지 지나친 승부욕에만 사로잡혀 부정한 일이나 비방 같은 일이 있어서는 절대 안 됩니다. 그렇게 되면 선의의 경쟁이 아니라 투쟁입니다. 이러한 투쟁은 쌍방 모두를 파멸로 몰고 갈 뿐, 서로에게 도움이 되는 것은 하나도 없기 때문에 선의의 경쟁으로 끝나야 됩니다.

또한 경쟁은 비슷한 사람끼리 하는 것이기 때문에 늘 이길 수는 없습니다. 이기는 때도 있고 지는 때도 있습니다. 여러 번 졌다고 실망하면서 포기해서는 안 됩니다. 내가 이번에 진 것은 무엇을 잘못했는가를 여러 각도로 반성하고, 다음을 준비하여 서로에게 영원히 아름다운 맞수로서 경쟁을 한다면 발전의 동기가 될 것입니다. 그러니까 서로 마음속으로 경쟁하며 고마움과 파이팅을 보내고 변치 않는 우정을 이어가길 바랍니다.

14. 내 탓이오, 내 탓이오.

상대방의 잘못을 여러 번 지적하여 기를 죽이면 안 됩니다.

어떤 공동체에서 보면 뭔가 자신의 뜻대로 되지 않았거나, 공동체에 피해가 있으면 상대방의 잘못으로 책임을 전가하고 원망하는 경우가 많이 있습니다. 그러나 그 공동체가 그렇게 될 때까지 자기는 뭐하고 그 사람 혼자서 그 책임을 져야 합니까?

설령 자기가 일의 부당함을 여러 번 말하고, 어떠한 사태가 올 거라는 점까지도 얘기하면서 설득했음에도 듣지 않고, 계속 혼자 고집을 피워 그 결과가 되었다 하더라도 '그 사람은 그렇게 하려고 일부러 그리 했겠나? 그리고 같이 망하려고 그리 했겠나? 상대방의 생각보다는 내 생각이 더 옳다고 생각하여 대박이 날 것 같아서 실행에 옮겼는데, 환경과 여건이 따라 주지 않아 실패하게 된 것 아니겠나?' 라고 생각하면서 원망하거나 탓하지 말아야 합니다. 오히려 어떻게 하면 피해를 줄이고 수습할 수 있을까를 고민해야 합니다.

나의 잘못도 인정하면서 주위 환경과 여건이 변하기 전에 나도 같이 서둘러 일을 마치도록 했더라면 될 것을 내가, 여러 번 반대하고 내 뜻과 같지 않다고 협조를 하지 않아서 일이 지연되어 이렇게 된 것 아닌가? 하고 내 스스로를 돌아보아야 합니다.

상대방의 잘못이나 약점을 자주 얘기해서 기를 꺾지 말고 나에게는 잘못이 없었는가를 반성하면서 상대방에게 '수고했다. 우리가 일부러 이리 했겠나? 우리가 운이 없어서 실패한 것을 우리 기죽지 말고 힘내서 다시 해보자. 이번 경험도 있고 하니 앞으로는 훨씬 더 잘 할 거야.' 하는 것입니다.

15. 큰 꿈과 목표를 가져라

다음 이야기는 이미 많이 들어서 잘 아는 이야기일지도 모르지만 같은 사물을 보고도 생각하는 데 따라서 어마어마하게 큰 다른 결과가 올수 있다는 것을 말해주려고 다시 한 번 옮깁니다.

아메리카 대륙의 어느 원주민의 이야기로 전해지고 있는 걸로 알고 있습니다. 일찍이 어느 인디언 마을에 추장이 있었습니다. 그는 용맹하고 지혜로워 자기 마을의 부락민들을 잘 다스렸지만 이제는 그도 나이가 들어 후계자를 정해야만 할 때가 왔더랍니다. 그 추장에게는 세 아들이 있었는데 어느 아들을 후계자로 삼을까 하고 걱정을 하였답니다. 추장은 자기 부족의 제일가는 지도자요, 또 이 지도자 한 사람으로 인해 그 부족이 잘 사느냐 못 사느냐가 달려있기 때문에 고심하던 끝에 하루는 세 아들을 불러놓고 말했습니다.

"이제 나도 늙어 너희들 세 사람 중에서 내 자리를 이을 후계자를 뽑아야 되겠다. 너희들 중에서 저 건너의 산봉우리에 가서 무엇이 있는가를 알아오는 사람에게 나의 자리를 물려주겠다. 자 모두 힘을 다하여 갔다 오거라."

그래서 세 아들은 각자 힘을 다하여 산꼭대기까지 뛰어갔답니다. 얼마 후 큰 아들이 제일 먼저 도착하여 보고하기를 "산꼭대기에는 큰 바위가 있었습니다." 잠시 후 둘째 아들이 돌아와서도 같은 보고를 하였습니다.

얼마 후 셋째 아들이 돌아와서 보고하였습니다.

"저 산 너머에는 무진장 넓은 들이 있는 것을 보았습니다. 아버지, 우리 부족이 잘 살기 위해서는 이 좁은 곳에서만 살 것이 아니라 저 넓은 세계로 나가야만 합니다." 하면서 그의 미지의 세계에 대한 개척의 꿈을 열변으로 토했답니다. 추장이 바라던 바는 바로 이것이었습니다. 추장은 셋째 아들을 그의 후계자로 삼았고 그는 그 직책을 충실히 해내었다 합니다.

세 명의 미장공이 교회를 짓고 있었습니다.

어느날 한 사람이 세 미장공에게 각각 당신은 지금 무엇을 하고 있는가를 물으니 한 미장공이 대답하기를, '당신이 보시다시피 나는 지금 벽돌을 쌓고 있소' 라고 대답하였고, 다른 미장공 역시 '식구들과 같이 먹고 살려니 품이라도 팔아야 해서 벽돌을 쌓고 있소' 하고 대답하였습니다.

그런데 또 다른 미장공은 '나는 이 마을 주민들의 정신적 지주가 될 큰 교회를 짓고 있소. 나는 이 교회가 이 마을 사람들의 정신에 큰 지표가 되기를 바라고 있습니다.' 하고 대답하였답니다. 비록 세 사람이 하는 일은 똑같았지만 마음의 자세는 각각 달랐으니 아마도 세 번째 사람은 비록 벽돌 한 장 한 장을 쌓고 있어도 그의 머리에는 늘 교회의 완성된 모습을 그리며 쌓았고, 또 후일 큰 건축물의 큰 목수로서 성공하였으리라 믿습니다.

원대한 꿈을 가지세요.

나는 왜 사는가? 나는 무엇을 위해 또 어떻게 살 것인가?

원하는 삶의 목표를 정하고 여러분의 뜻이 이루어질 때까지 노력하십시오. 성공한 사람들 모두 굉장한 노력과 엄청난 자기와의 싸움의 승리에서 얻은 산물입니다. 꿈은 게으르고 용기 없는 자에게는 정말 공상에 불과하나, 용감하고 부지런하며 실패에 좌절하지 않는 정신을 갖고 또 다시 도전하는 사람에게는 바로 현실의 열매로 나타나게 되는 것입니다.

우리의 생활은 각자의 마음먹기에 따라서 생활 형태나 삶의 질이 결정되는 것입니다. 누군가가 왜 공부하느냐고 물으면 어떤 사람은 어머니가 하라고 해서 또는 선생님이 시험 본다고 해서 마지못해 억지로 공부하는 사람이 있는가 하면, 어떤 사람은 앞으로 이 넓고 아름다운 세상에서 멋지게 살기 위해 스스로 알아서 자발적으로 공부하는 사람이 있습니다. 공부 잘하면 남이 좋지 않습니다. 직접적인 혜택은 자신이 얻게 됩니다. 큰 이상과 목표를 갖고 노력해 보세요. 생각에 따라 평범한 한 사람으로서 살아 갈 수도 있고, 또는 세상에 좋은 일을 하며 즐겁고 보람되게 살 수도 있습니다.

16. 기록으로 남겨 두어라

어려서 할아버지께서 가르침으로 하신 말씀이 있습니다.

지혜불여둔필(知慧不如鈍筆)이라는 말씀입니다. 즉 아무리 훌륭한 기억력을 가졌어도 서툰 글씨로 적어두는 것만큼 그 정확성이나 영구성이 못하다는 가르침이었습니다.

(知: 알 지, 慧: 슬기로울 혜, 不: 아닐 불, 如: 같을 여, 鈍: 무딜 둔, 筆: 붓 필)

할아버지께서는 몸이 많이 불편하여 오랫동안 자리에 누워 계셨습니다. 거동을 잘 못하시니 신문에 난 것을 보시고 약 사오라는 심부름을 종종 시키셨습니다. 이것저것 여러 가지 사오도록 시키시면 나는 기억력만을 믿고, 종이에 기록하지 않고, 왕복 한 시간을 급히 갔다 오면 어떤 때는 한두 가지를 빠뜨리고 오는 경우가 있습니다. 꼭 필요한 것을 빼 놓았으니 다시 안 갈 수도 없었습니다. 그 당시 살던 시골은 도로가 신작로라는 길이었고, 자동차도 없었던 시절이라 교통이 무척 안 좋았으며, 자전거도 별로 없었던 시절이라 반드시 걸어서 다녀와야 했으니 꼭 한 시간은 좋이 걸렸습니다. 이에 심부름을 다하지 못한 나는 몹시 죄스러웠지만, 할아버지께서는 어린 손자를 다시 먼 길 보내기가 안쓰러워서 어떤 때는 그냥 견디시기도 하셨고, 나는 제대로 못한 심부름을 다시 다녀와야 했습니다. 이에 할아버지께서는 지혜불여둔필이라고 하시면서 아무리 기억력이 좋다하여도 악필로 쓴 것만 못하다고 말씀하셨습니다.

앞으로의 생활은 더욱 복잡하게 되고, 여러 사람과의 관계들이 단지 말로만 이루어지는 것이 아니라서 반드시 문서로 확실한 증거를 남겨두도록 해야 합니다. 우리의 생활이 복잡하게 됨에 따라 말로 하던 약속이나 계약이 예전에는 신의만으로도 잘 지켜졌었지만, 요즘은 기록이 없으면 기억을 하더라도 대개가 다 자기에게 유리하도록 해석하게 되어 서로 다툼을 하게 됩니다. 만일 그때 비록 악필로 쓴 것이라 해도 증거가 되는 기록이 있으면 본래의 뜻대로 해결될 것입니다.

어떤 중요한 약속을 해놓고 자기가 적어두지 않았기 때문에 참석하지 못하였을 때 큰 손해는 물론 상대방에 큰 실례를 범하는 일이 없어야 합니다. 또한 모든 문서나 영수증을 반드시 일정기간까지 분류하여서 보관하는 것도 기록하여 두는 것과 똑같은 것입니다.

17. 어느 신혼부부의 신혼여행

어느 결혼식에 초대를 받아 갔습니다. 가면서 혼주의 경력이나 이제까지 살아온 과정으로 보아 하객들이 굉장히 많을 것이란 생각을 하고 갔습니다.

그런데 막상 가서보니 혼주의 집안과 가까운 친지들만이 초청되어 있었고 아주 검소하게 결혼식이 치러졌습니다. 결혼식장에서 이야기를 나누는 중에 적어도 나에게는 신랑 신부의 신혼여행 이야기가 큰 감동을 주었습니다. 이번 결혼하는 신랑 신부는 첫날밤을 자기들의 보금자리인 신접살림집에서 보내고 다음날부터 조부모님과 윗대 어른들의 산소를 찾아 인사드리고, 조상의 사당을 참배한 다음 국내의 명승지를 돌아보고, 돌아올 때 처갓집에 들러 2~3일간 머물며 처가의 어른들과 친척들께 인사드리고, 처가의 산소를 둘러보는 것으로 계획을 잡았다고 합니다.

어른들이 신랑 신부에게 일생에 단 한 번뿐인 신혼여행인데 영원히 기억될 아름다운 추억도 만들 겸, 세상에 대한 안목도 크게 넓힐 겸 외국으로 신혼여행을 갔다 올 것을 권하였다고 합니다. 그러나 신랑 신부가 이제까지 키워주시고 가르쳐 주시고, 또 저희들의 결혼을 준비해 주시느라 어른들께서 힘이 많이 드셨는데 저희들의 신혼여행까지 부모님께 누를 끼칠 수 없고, 또 부모님들도 아직 못 하신 외국여행을 할 수 없다고 하였답니다. 그러면서 조상어른들의 산소와 사당을 찾아 나의 뿌리를 확인하고, 국내에서 조용히 여행하며 앞으로의 삶의 설계를 구상하겠다고 했다는 것입니다. 정말 대견스럽고 기특한 젊은이들이었습니다. 그리고 외국여행은 2~3년 후에 계획을 잡아서 부모님들도 모시고 현지의 말도 조금 공부하여 단순히 경관이나 유적지나 보고 해수욕이나 하고 오는 것이 아닌, 무언가를 보고 듣고 배워 올 수 있는 목적 있는 여행이 되도록 하겠다고 하였답니다.

다 그런 것은 아니겠지만 신혼부부 중 상당수가 예식장에서 곧바로 해외로 신혼여행을 떠납니다. 자기들의 새 보금자리를 마련하고도 제 2 인생의 시작 첫 날을, 아무리 시설이 좋다 해도 자기 집도 아닌, 또 아무리 좋은 이부자리라 해도 남이 덮고 자던 것을 빨아 덮고 자면서 기분 좋아하는 것도 말이 안 되는 일이 아닌가 하는 편협한 생각을 해 보았습니다. 위의 신혼부부의 생각에 정말 존경심을 느꼈고 그들의 앞길에 큰 축복과 영광이 있기를 진심으로 빌며 돌아왔습니다.

18. 흥부전의 교훈

여러분은 대부분 흥부전을 읽었을 것입니다.

흥부전 중에 가난한 흥부가 살기가 너무 힘들어 형님한테 식량을 빌리러 갔다가 형수한테 밥주걱으로 볼때기를 맞고도 형수에게 화를 내지 않고 오히려 익살스럽게 볼의 밥풀을 떼어 먹으며 농담을 하고, 또 형한테는 쌀은커녕 늘씬 얻어맞고 집에 돌아와서는 자기 부인에게 거짓말로 형수에게 밥을 한 사발 잘 얻어먹고 왔다고 했습니다. 그리고 형한테서 쌀 한가마를 얻어오다가 도적놈들에게 몽땅 빼앗기고 몹시 얻어맞았다고 거짓말을 하였습니다.

우리는 여기서 무엇을 배울 수 있을까요? 단순히 해학적인 재미만이 아닌 우리 조상님들이 흥부전을 통해서 어떻게 하는 것이 형제끼리 우애를 지키게 하는 것인지를 잘 가르쳐 주고 있습니다. 흥부가 자존심을 세웠더라면, 실은 자존심이 아니라 분노를 억제하지 않고 못된 형수에 맞서 싸우고 형에 덤벼들어 싸웠더라면, 또 집에 가서 부인에게 사실대로 말했더라면, 물론 놀부는 이미 우애가 없는 나쁜 사람이지만 그나마도 형제는 원수가 되어 영영 만나지도 않으면서 서로가 못 되기를 바라면서 살았을 것입니다. 또 훗날 흥부가 복을 받아서 잘 살게 되었을 때 마음 잘 못 써 망한 형을 다시 형제로서 정을 주는 이야기는 우리에게 형제간의 우애가 어떠한 것인가를 잘 가르쳐 주고 있습니다.

옛날의 부모님이나 오늘날의 부모님도 많지 않은 형제끼리 서로 우애하며 정 좋게 잘 살기를 바랍니다. 형제끼리 오해나 섭섭한 일이 있으면 같이 터놓고 이야기하면서 오해를 풀고, 즐거운 일이 있으면 같이 즐거워하고 어렵거나 슬픈 일이 있으면 같이 해결하는 형제가 되어야 합니다.

19. 수족과 같은 형제간의 우애를 위하여

　할아버지께서 들려주신 이야기입니다.

　한 마을에 삼형제가 살고 있었는데 서로 사랑하며 정말로 우애 있게 살았다고 합니다. 아우들은 늘 형님 먼저 하고, 형은 아우 먼저 하고 서로 먼저 베풀고 양보하고 이해하며, 어렵거나 마음이 섭섭한 일이 있어도 참고 이해하며 사이좋게 지내니 형제들은 늘 당당하고 행복했습니다.

　그러나 사실은 이 삼형제가 이렇게 의좋게 지내는 데는 여자들의 숨은 공이 있었음에도 남자들은 오로지 자기 형제들의 정으로 이렇게 우애가 유지되는 줄 알고 있었습니다.

　그래서 하루는 여자들이 모여서 우리 삼형제분 가족이 이렇게 우에 있게 지내는 것은 우리 여자들의 공이 큰 데도 바깥 분들은 오로지 자기들의 공으로만 생각하니 우리가 한 번 여자들의 내조가 어떤 것인가를 보여주자고 약속했습니다. 그리고는 여자들끼리는 왕래도 안 하고 어린 조카들이 와도 본 척 만 척 하고, 무엇을 빌리러 와도 전 같으면 찾아서 빌려주고 할 텐데 그저 쌀쌀맞게 없다고 하였습니다. 천진난만한 어린 조카들은 집에 가서 보고 들은 대로 말하니 형제들끼리 조금씩 섭섭한 마음이 들고, 자꾸 안 좋은 이야기를 들으니 화가 나기 시작했습니다. 그래도 처음에는 이해하려고 참았으나 이런 일들이 자꾸 쌓이자 결국에는 형제들끼리 다투는 일까지 자주 일어났습니다.

이에 여자들이 다시 모여 남자들을 불러서 이제까지의 형제들 사이에 생긴 불미스러운 일들은 사실은 우리 여자들이 일부러 짜고 그렇게 한 것입니다. 남자분들은 형제들끼리 우애가 좋은 것이 순전히 남자 형제분들끼리의 우애로 그리 되는 줄로만 알고 우리 여자들의 역할이나 노력은 조금도 생각하지 않으시는 것 같아서 우리들이 꾸민 일이니 이제까지의 형제분들끼리 가졌던 섭섭한 마음이나 오해는 다 푸시고 앞으로는 더욱 사랑하고 의좋게 지내자고 하였습니다. 그제야 형제들도 부인들의 역할이 얼마나 중요한가를 깨닫고 부인들을 더욱 아끼고 존중하면서 잘 살았다고 합니다. 형제는 수족과 같습니다. 형제끼리 서로 돕고 의좋게 살면 비록 부자는 아니더라도 혼자서 외롭게 잘 사는 것보다 훨씬 즐거운 생활이 될 것입니다.

20. 인정이 훈훈한 아름다운 가정 이야기

추석이 지나고 부부 모임에서 들은 고향마을에서 있었던 일입니다.

앞마을 건너 마을로 한 지역에 사는 형제가 있는데 명절 때면 집에서 살림하는 작은며느리는 일찍부터 시어머니가 사시는 시집에 가서 하루 종일 힘들게 명절 준비를 하는데 직장 다니는 큰며느리는 직장일을 핑계로 매번 명절 준비가 다 끝날 때야 와서는 시어머니에게 용돈도 드리고 갖은 아첨을 다 떱니다. 시어머니는 용돈을 좀 받아서인지 큰며느리를 대견해 하시며 하루 종일 힘들게 일한 며느리보다 큰며느리를 더 챙기십니다. 큰며느리는 혼자서 힘들게 자기 몫까지 일한 작은 동서에게는 별로 미안한 기색도 없이 당당하니 매번 명절 때마다 작은 며느리의 불만은 쌓여만 갔습니다. 그러다가 결국에는 폭발하여 평소에도 정이 없던 형제간의 싸움으로까지 번져 알량했던 우애는 완전히 벌어지고 작은집은 이혼할 정도까지 부부간의 싸움이 있었으나 겨우 진정이 되었다고 합니다.

그런가 하면 또 한 집안은 그 반대로 형제간 우애가 좋아 정말 사이좋게 지냅니다.

명절이 되면 아래동서들이 큰동서에게 챙겨갈 것을 물으면 그냥 오라고 하지만 둘째는 전을 조금 부쳐 오는가 하면, 셋째는 잡채를 해 오는 것입니다. 큰동서는 올 때는 조카들도 다 데려오라 하여 사촌끼리 모여 한 방에 자면서 정도 나눕니다. 어른 아이 할 것 없이 같이 송편도 만들면서 가족끼리 정을 나누니 여자들도 별로 힘들지 않고 추석 내내 웃음이 끊이지 않습니다. 이것이 사는 즐거움 아니겠습니까?

혼자 배부르고 편하다고 해서 좋은 건 아니지요. 앞의 큰 며느리도 오히려 자기가 주체가 되어 명절 준비뿐 아니라 집안의 행사를 준비해야 함에도 불구하고 직장을 핑계로 저 혼자만 편하자고 얌체같이 빠지고 돈 몇 푼으로 어른의 환심을 사서 어른으로부터 면죄를 받으려는 태도는 크게 잘못된 처신입니다. 정말 직장일 때문에 어쩔 수 없는 일이라면 그것도 한두 번은 모르지만 형제간의 우애를 생각한다면 시어머니보다도 먼저 동서에게 피할 수 없는 상황의 진실을 솔직하게 말하여 양해를 구한 후에 나중에라도 미안한 마음의 작은 정 표시를 함으로써 혼자 수고한 동서를 위로해야 옳았을 것입니다. 자기만의 이익이나 편안함을 생각하지 말고 형제간의 우애와 온가족의 평화를 위해 내 한 몸의 수고로움을 택하면 아마도 온 가족의 더 큰 사랑이 돌아올 것입니다.

21. 어머니의 눈물

이 이야기도 실제로 있었던 이야기입니다.

교육공무원으로 정년퇴직한 노부부가 어느날 서울에 볼일이 있어 갔다가 저녁때가 되어 일을 마치고 곧 바로 시골집으로 내려갈까 하다가 모처럼 서울에 왔으니 아들이 어찌 사나도 알고 싶고 손주들도 보고 싶고 하여 아들 집에 들렀습니다.

그들 노부부는 자식들을 잘 키우고 공부도 잘 시켜 서울의 큰 회사의 중역이 되어 남들의 부러움을 받고 있으며, 또한 내심 자랑스럽게 생각하는 아들이었습니다.

집에 들어서니 아들의 집안은 퍽 행복한 분위기였습니다.

며느리가 저녁은 어떻게 하셨느냐고 물어 간단하게 요기는 좀 하고 왔다고 하였습니다. 그러나 사실은 아들 집에 모처럼 가니 잘 차려주면 먹을 생각으로 먹지 않고 갔던 것입니다. 그렇게 대답하고는 며느리에게 미안한 생각에 내일 일찍 내려가겠다고 하였습니다. 그러면 알아서 좀 먹을 것을 주겠지 하였으나, 저희들끼리 방에 들어가서 다시 나와 보지도 않고, 아무것도 먹을 것을 내놓지 않아 저녁 내내 쫄쫄 굶었습니다.

아침 일찍 배가 고파 깨어보니 누가 부엌에서 덜그럭거리는 소리가 나서 며느리가 부모님이 일찍 내려간다고 하니 아침식사를 잡수시고 가게 하려는가보다 하고 어제 저녁 섭섭했던 생각이 눈 녹듯이 사라져 버렸습니다. 그런데 웬걸 아무리 기다려도 아무 소식이 없습니다. 그래서 방에서 나가 보니 며느리는 보이지 않아 아들에게 물어보니 "어머님, 아침은 시골집에 가서 잡수셔야겠습니다. 집사람은 교회 행사가 있어서 일찍 나가 언제 올지 모릅니다."하는 것입니다.

노부부는 기가 막혀 후다닥 아들 집을 뛰쳐나오다시피 나오면서 집에 오는 내내 눈물을 흘리며 돌아왔다고 합니다.

우리는 이런 경우의 이야기나 그보다 더한 경우의 이야기들을 자주 듣습니다. 그런 이야기를 들을 때마다 대부분의 사람들은 듣고 분개하지만 그래도 계속 이런 이야기들이 들려오는 것은 정말 가슴아픈 일입니다.

공자가 살아 있을 당시 고어(皐魚)라는 사람이 한 말이 있습니다.

'나무가 가만히 있고 싶어하나 바람이 그치지 않고(樹欲靜而風不止; 수욕정이풍부지), 자식이 효도를 하고 싶어 하나 나이든 부모님은 돌아가셔 기다리지 않는다(子欲養而親不待; 자욕양이친불대).'

부모님 돌아가신 뒤 남들이 보기에 아무리 슬프게 울고불고 해도 그 사실을 아는 사람들은 그 사람을 인간으로 보겠습니까? 남을 의식해서가 아니라도 지극 정성으로 키워주신 부모님을 살아계실 때 자식은 자식으로서 며느리는 며느리로서 정성을 다해야 할 것입니다.

부모님은 자신이 아프거나 힘들어서 울지 않습니다. 부모님은 자식이 아플 때나, 자식이 힘들어 하는 데 도움을 주지 못할 때, 또 자식이 어긋나서 잘못된 길을 갈 때, 그리고 자식이 부모님께 섭섭하게 할 때 우시고 마음아파 하십니다. 또 부모님은 자신이 좋아서 웃으시는 것보다 자식들이 잘되는 것을 볼 때 더 기뻐하십니다. 자식들이 미루었다가 크게 한 번에 챙겨드리는 것보다 작지만 자주 정성어린 보살핌에 감동하시고, 부모님을 배려하는 자식들의 작은 마음 씀씀이에 행복해 하십니다.

부모님은 자식들의 분에 넘치는 비싼 옷을 바라지 않습니다. 부모님은 비싼 고급 외식을 바라지도 않습니다. 부모님은 자식들의 정이 담김 말 한마디에도, 자녀들이 정이 담긴 눈빛으로 바라보는 눈길에도 모든 힘들었던 마음이 눈 녹듯이 사라집니다. 이제 삶이 얼마 남지 않으신 부모님, 우리를 키우시느라 모든 것을 다 바치신 부모님, 존경과 사랑하는 마음으로 또 측은한 마음으로 따뜻하게 모시길 바랍니다.

22. 노력하면 반드시 결과와 보상이 따른다

이 이야기는 나의 자랑이 아니라 무엇을 남보다 잘하는 사람들은 그만큼 남들이 보지 않는 곳에서 남들이 모르는 많은 노력을 하기 때문이라는 것을 알려주고자 하는 것입니다. 아주 하찮은 작은 일을 예로 드는 것이지만 작은 일에도 그러한데 큰일을 이룬 사람들의 노력을 미루어 생각해보기 바랍니다.

군생활 초년은 훈련 등으로 매우 피곤한 시절이었습니다.

저녁에는 정훈교육으로 군의 정신무장이나 확실한 국가관 기타 우리가 군인으로서 알아야 할 지식을 교육받았습니다. 낮에는 힘들게 훈련하고 저녁에 교육을 받으니 어느 누구도 머릿속에 잘 들어올 리 없었습니다. 그래도 최고 학부를 다니다가 군대에 왔는데 만일 내가 지적받았을 때 어물어물하고 대답을 못 하면 무슨 망신이겠는가 생각하고 낮에 훈련 받는 중에 짬이 있으면 잠깐잠깐 저녁에 받은 정훈교육을 복습하였습니다. 그래서 정훈교육시간이나 내무검열시간에 질문하는 것을 무엇이든 막힘없이 대답하여 과연 조 일병은 잘한다고 인정해 주었으며, 연대훈련에서도 나의 주특기인 통신분야에서는 우승으로 이끌어 부대장으로부터도 인정을 받았습니다. 이것은 내가 기억력이 좋아서가 아니라 나의 자존심을 지키기 위해 대학을 다니다 왔다는 놈이 나은

게 하나도 없다는 욕을 먹지 않으려고 평소 남보다 조금 더 신경을 쓰고 준비한 때문이라고 생각합니다.

남에게 잘한다고 평가받는 사람들은 그만큼 남들이 보지 않는 사이에 많은 노력을 한 결과라고 생각합니다.

중학교 때 선생님께서 말씀하시기를 물에서 노는 오리가 유유히 한가로이 이리저리 노니는 것은 사람들이 보지 않는 물 아래 있는 발을 계속 움직여 활동하기 때문이라고 하였습니다. 아주 특별한 사람 몇몇을 제외하고는 노력 없이 선천적으로 잘하는 사람은 별로 없습니다. 머리가 좋아 공부 잘한다고 하는 사람도 남 잘잘 때 잠 덜 자고 남들 놀 때 안 놀고 열심히 공부한 결과입니다. 촌각을 다투어 사람의 목숨을 다루는 고도의 집중과 기술을 요구하는 수술도 사실은 남보다 많이 연구하고 연습하고 실습한 결과로 뛰어난 명의가 되는 것입니다.

하늘은 스스로 돕는 자를 돕는다고 합니다.

이 말은 갑자기 길에서 큰돈을 주워서 횡재를 한다거나 복권에 당첨된다든지 하는 것이 아니라 열심히 노력하면 노력한 만큼의 결과가 반드시 있다는 뜻입니다.

23. 성공한 사람과 그렇지 않은 사람의 차이점

이제까지 우리는 어떻게 하면 성공하여 여유 있고 또 사회에 좋은 일을 하며 여러 사람들의 사랑을 받으며 살 수 있는가를 배우고 듣고 또 읽어서 알게 되었습니다.

사실 우리뿐 아니라 우리를 앞서 간 모든 사람도 그것을 배우고 알았지만 왜 어떤 사람은 성공하여 훌륭한 일을 많이 하여 많은 사람의 사랑을 받고, 또 어떤 사람은 그 반대로 혼자 살아가는 것도 힘들고 외롭게 살다가 갔는가를 생각해 봅시다. 물론 여러 가지 원인이 있겠지만 성공한 사람은 부모님이나 선생님의 가르침에 충실히 잘 따라 실천하고 자기가 아는 바를 철저히 실행한 사람이고, 성공하지 못한 사람은 부모님이나 선생님의 가르침을 우습게 알고 귓등으로 듣고 흘려버려 어긋난 것입니다. 성공의 방법을 몰라서가 아니라 알기만 하고 실행하지 않았기 때문입니다.

예를 들어 학교에서 공부 잘하는 사람은 집에 가서 남이 보지 않을 때에도 그만큼 남보다 더 많이 공부합니다. 누구나 다 열심히 공부하면 공부 잘하게 된다는 것을 압니다. 그러나 많은 사람들은 조금 하다가는 졸려서, 잘 몰라서, 아파서, 또는 놀고 싶은 유혹을 이기지 못하여 하루하루 미루다가 나중에는 감당하지 못하고 포기합니다.

공부는 앞서 배운 것을 기초로 연속되어지는 것인데 앞서 배운 것을 익히지 않고 지나가니까 어려움은 더 쌓여가서 더 어려워지고, 그 결과 더 싫증을 느끼게 됩니다. 실컷 놀다가 기초가 없이 공부하겠다고 마음먹을 때는 그때부터라도 마음을 굳게 먹고 그만큼 더 많은 노력을 계속하면 되는데, 다시 시작하다가 모른다고 금세 포기하게 되니 안 되는 것입니다.

어린 아기가 처음 걸음마를 배울 때 얼마나 많은 실패와 엉덩방아를 찧으면서도 포기하지 않고 반복 노력하며, 또 부모도 포기시키지 않고 완전히 배울 때까지 계속 연습을 시켜 수많은 도전 끝에 겨우 한 발작을 떼면 그 다음부터는 불과 며칠 안 되어서 걸음마를 완전히 배워 잘 돌아다니게 되는 것과 같습니다.

옛날 어른들은 공부가 어렵지만 또 지금보다도 선생님도 많지 않고 참고서도 없었으며 더구나 우리말과 사뭇 다르고 글자도 훨씬 어려운 한자, 한문공부도 무조건 백번을 읽으면 뜻이 저절로 알게 된다고 하면서 공부하였습니다. 이것은 즉 열심히 하면 틀림없이 질하게 된다는 뜻입니다. 그러나 많은 사람들은 조그마한 어려움을 참고 이겨내지 못하고 즉 자기의 아는 바를 끝까지 실천하지 못하고 중간에서 포기하기 때문에 성공하지 못하는 것입니다. 실제로 그렇게 어려운 한문공부를 거의 독학하다시피 혼자서 중간에 포기하지 않고 열심히 공부한 사람은 성공하여 큰 학자가 되고 큰 벼슬을 하였습니다.

또 열심히 하는 한편 포기하지 않고 끈기를 가지고 끝장을 볼 때까지 열심히 하는 것입니다. 내가 어려운 것은 다른 사람들도 다 어렵습니다.

그런데 잘하는 사람들은 포기하지 않고 꾸준히 했기 때문입니다.

내가 고등학교시절에 우리 학교에 농아들로 구성된 기악 악단이 와서 '진주 조개잡'이 노래를 연주하는 것을 들은 기억이 납니다. 해설 하시던 분의 말씀에 따르면 단원 모두가 귀머거리고 그래서 말 못하는 벙어리였습니다. 외국에서 연주하였을 때 너무나 완벽하게 잘하니까 장애인이 아닌 사람들을 장애인으로 꾸며서 동정심을 사려고 하는 것 아니냐고 의심하면서 수차례나 그 나라 의사들의 철저한 검사를 받았다는 이야기도 같이 하였습니다.

'새파란 수평선 흰구름 날으는 오늘도 즐거워라 조개잡이 하는 처녀 들…' 지금도 생생하게 그 노래의 선율이 들려오는 것 같습니다. 보통 사람들도 하기 힘든 기악을 듣지 못하는 농아가, 그것도 혼자도 아닌 여럿이서 완벽하게 하모니를 이루어내는 것은 기적에 가까웠습니다. 이것은 노력으로 이루어 낸 기적이었습니다. 여러분이 공부하는 일이 어렵기로서니 이보다 더 힘들겠습니까?

또 누구나 성공을 위해서 해야 할 일과 해서는 안 될 일을 알고, 성공한 사람들은 철저히 이를 실천하지만 성공하지 못하는 사람들은 알면서도 해서는 안 될 일들에 유혹을 이겨내지 못하고 넘어갑니다.

우리는 유혹을 이겨내지 못하여 다 된 성공의 문턱에서 실패로 떨어 지는 많은 예를 보았고, 도덕적인 작은 흠집이 이제까지 어렵게 쌓아온 명성과 업적을 하루아침에 무너뜨리는 경우를 빈번히 보았습니다. 잘못된 유혹인 것을 알면서도 이겨내지 못하고, 또 이 정도 작은 유혹은 별일 없겠지, 또는 이렇게 비밀스럽게 하는데 누가 알겠는가 하고 이겨내지 못하였을 때 그 결과는 예측 이상으로 엄청난 나쁜 결과를 몰고 오는 경우가 많습니다.

유혹에는 타인의 유혹, 환경의 유혹, 내 자신의 생체적 유혹 등이 있겠습니다. 그러나 어느 것이 됐든 성공을 원한다면 유혹을 단호히 배격해야 할 것입니다.

또한 목표에 대한 계획을 면밀히 세우고 수시로 점검하면서 실천해야 할 것입니다. 마치 큰 건물을 세울 때 계획된 일정대로 진행되는가, 부실하게 되는 것은 없는가 하고 중간중간 감리하는 것과 같습니다. 계획과 설계 없이 무조건 벽돌만 열심히 쌓는다고 집이 되는 것이 아닙니다.

하다가 힘이 들면 성취했을 때의 기쁨과 실패했을 때의 참담한 경우, 그리고 이제까지 공들인 것을 생각하면서 여러분이 배우고 들어서 아는 바대로 실행하면 성공할 것입니다.

그리고 그날 할 일은 다음으로 미루지 말고 하십시오. 일이 미루어져 쌓이면 싫증이 나서 결국은 포기하게 되는 경우가 많기 때문입니다.

이 모두가 여러분이 이미 잘 알고 있는 것입니다. 그러나 아무리 알아도 실천하지 않으면 모르는 것이나 다름없습니다. 결론적으로 다시 말하지만 성공 여부는 각자의 재능보다도 여러분이 아는 대로 실천하느냐 않느냐에 달려있다고 봅니다. 재능이 좀 부족한 사람은 조금 더 노력하면 될 것입니다.

나는 여러분이 이 글을 읽고 다시 한 번 마음에 새기고 노력하여 여러분 모두가 성공하기를 간절히 기원하면서 마칩니다. 여러분이 앞으로 살아가는 데 작은 좌표가 되어 보람되고 후회 없는 삶이 되기를 바라며 끝을 맺습니다.